AF142906

Dmitri Astrinski

Gründung einer ausländischen Betriebsstätte in Russland

Astrinski, Dmitri: Gründung einer ausländischen Betriebsstätte in Russland, Hamburg, Igel Verlag RWS 2014

Buch-ISBN: 978-3-95485-139-3
PDF-eBook-ISBN: 978-3-95485-639-8
Druck/Herstellung: Igel Verlag RWS, Hamburg, 2014

Bibliografische Information der Deutschen Nationalbibliothek:
Die Deutsche Nationalbibliothek verzeichnet diese Publikation in der Deutschen Nationalbibliografie; detaillierte bibliografische Daten sind im Internet über http://dnb.d-nb.de abrufbar.

Das Werk einschließlich aller seiner Teile ist urheberrechtlich geschützt. Jede Verwertung außerhalb der Grenzen des Urheberrechtsgesetzes ist ohne Zustimmung des Verlages unzulässig und strafbar. Dies gilt insbesondere für Vervielfältigungen, Übersetzungen, Mikroverfilmungen und die Einspeicherung und Bearbeitung in elektronischen Systemen.

Die Wiedergabe von Gebrauchsnamen, Handelsnamen, Warenbezeichnungen usw. in diesem Werk berechtigt auch ohne besondere Kennzeichnung nicht zu der Annahme, dass solche Namen im Sinne der Warenzeichen- und Markenschutz-Gesetzgebung als frei zu betrachten wären und daher von jedermann benutzt werden dürften.

Die Informationen in diesem Werk wurden mit Sorgfalt erarbeitet. Dennoch können Fehler nicht vollständig ausgeschlossen werden und die Diplomica Verlag GmbH, die Autoren oder Übersetzer übernehmen keine juristische Verantwortung oder irgendeine Haftung für evtl. verbliebene fehlerhafte Angaben und deren Folgen.

Alle Rechte vorbehalten

© Igel Verlag RWS, Imprint der Diplomica Verlag GmbH
Hermannstal 119k, 22119 Hamburg
http://www.diplomica.de, Hamburg 2014
Printed in Germany

Inhaltsverzeichnis

Abkürzungsverzeichnis

Abs.	Absatz
AfA	Absetzung für Abnutzung
AEAO	Anwendungserlass zur Abgabenordnung
AktG-Rus	Aktiengesetz der Russischen Föderation
AO	Abgabenordnung
Art.	Artikel
AStG	Außensteuergesetz
Aufl.	Auflage
BB	Zeitschrift: Betriebs-Berater
BFH	Bundesfinanzhof
BMF	Bundesministerium der Finanzen
BS	Betriebsstätte
BStBl	Bundessteuerblatt
Buchst.	Buchstabe
ca.	Circa
DBA	Doppelbesteuerungsabkommen
DBA-Rus	Doppelbesteuerungsabkommen Deutschland-Russland
d.h.	das heißt
DStR	Zeitschrift: Deutsches Steuerrecht
EStG	Einkommensteuer
EStDV	Einkommensteuer-Durchführungsverordnung
EStR	Einkommensteuer-Richtlinien
EU	Europäische Union
f.	Folgende
ff.	Fortfolgende
gem.	Gemäß
GewSt	Gewerbesteuer
GewStG	Gewerbesteuergesetz
GewStR	Gewerbesteuer-Richtlinien
GmbH	Gesellschaft mit beschränkter Haftung
GmbHG	Gesetz der Russischen Föderation „Über Gesellschaften mit beschränkter Haftung"

Hrsg.	Herausgeber
HS.	Halbsatz
i.d.R.	in der Regel
i.H.v.	in Höhe von
i.S.d.	im Sinne des
IStR	Zeitschrift: Internationales Steuerrecht
i.V.m.	in Verbindung mit
KSt	Körperschaftsteuergesetz
KStR	Körperschaftsteuer-Richtlinien
OECD	Organisation für wirtschaftliche Zusammenarbeit und Entwicklung
OECD-MA	OECD-Musterabkommen
PV	Progressionsvorbehalt
R	Richtlinie
S.	Satz
sog.	sogenannte
SolZ	Solidaritätszuschlag
SolZG	Solidaritätszuschlaggesetz
StK-Rus	Steuerkodex der Russischen Föderation
TG	Tochtergesellschaft
Tz.	Textziffer
u. a.	unter anderem
u. U.	unter Umständen
vgl.	vergleiche
v.H.	vom Hundert
VZ	Veranlagungszeitraum
WG	Wirtschaftsgut
WPg	Zeitschrift: Die Wirtschaftsprüfung
z. B.	zum Beispiel
ZGB-Rus	Zivilgesetzbuch der Russischen Föderation
z. v. E.	zu versteuerndes Einkommen

Symbolverzeichnis (Auswahl)

Steuersätze

s_e^a	ausländischer Einkommensteuersatz
s_k^a	ausländischer Körperschaftsteuersatz
s_q^a	ausländischer Quellensteuersatz auf Dividenden

Deutsche Steuersätze

H	Gewerbesteuerhebesatz (400 %)
M	Gewerbesteuermesszahl (3,5)
s_e	Einkommensteuersatz (42 %)
s_{ea}	Solidaritätszuschlagsteuersatz (5,5 %)
$s_g = m \times h$	Gewerbesteuersatz (14 %)
$s_{eea} = s_e \times (1 + s_{ea})$	Kombinierter Steuersatz aus Einkommensteuer und Solidaritätszuschlag ($\approx$ 44,3 %)
$s_{eeag} = s_g + (s_e - 3,8 \times m) \times (1 + s_{ea})$	Kombinierter Steuersatz aus Einkommensteuer, Gewerbesteuer und Solidaritätszuschlag $\approx$ 44,3 %
$s^{\Delta e}$	Differenzsteuersatz aufgrund des PV
s_{kst}	Körperschaftsteuersatz (15 %)
$s_{keag} = s_g + s_{kst} \times (1 + s_{ea})$	Kombinierter Steuersatz aus Körperschaftsteuer, Gewerbesteuer und Solidaritätszuschlag $\approx$ 30 %

Russische Steuersätze

s_e^r	Einkommensteuersatz
s_k^r	Körperschaftsteuersatz (24 %)
s_q^r	Quellensteuersatz
s_{soz}^r	Sozialsteuersatz

8

Weitere Symbole

>	größer als
<	kleiner als
ASt	Steuerausgabe (r - russische)
EÜ	Einnahmeüberschuss
EV	Endvermögen
G	Gewinn (r – russischer)
i	Kalkulationszinssatz
i_s	Kalkulationszinssatz nach Steuern
REF	Rentenendwertfaktor

Einführung

- **Problemstellung**

In den letzten Jahren haben die deutschen Unternehmen ihre ausländischen Aktivitäten mit einer positiven Auswirkung sowohl auf Umsätze als auch auf Gewinne ausgeweitet.[1] Viele Großkonzerne und mittelständische Unternehmen versuchen sich von der unbeständigen deutschen Binnenkonjunktur abzulösen und ihre Umsatzquellen international breit zu diversifizieren.[2] Aufgrund von teilweise besseren Standortbedingungen (zu den wichtigsten zählen nach Unternehmensangaben Steuern und Arbeitskosten) werden außerdem zunehmend Produktionsstätten ins Ausland verlagert.[3]

Sofern die Unternehmensleitung eine Entscheidung hinsichtlich der internationalen Expansion fällt, sind, abhängig von den konkreten Plänen des Unternehmens, diverse Organisationsformen für die Durchführung des ausländischen Engagements möglich. Wenn es sich z. B. um Vertrieb handelt, kann sich das Management zwischen dem Direktvertrieb, der aus Deutschland erfolgt, und Unternehmenspräsenz vor Ort entscheiden. Die erste Variante ist besonders am Anfang interessant, zu dem Zeitpunkt, wenn die Unsicherheit über künftige Geschäftsentwicklung noch relativ hoch erscheint. Sofern allerdings das Unternehmen im ausländischen Staat Fuß gefasst hat, wird eine Niederlassung vor Ort besonders im Hinblick auf die Konkurrenz i. d. R. unerlässlich;[4] sie ist auch nötig, wenn die Errichtung einer Produktionsstätte im ausländischen Staat vorgesehen ist.

Die zwei wichtigsten Rechtsformen, die ein Unternehmen für sein ausländisches Engagement nutzen kann, sind Betriebsstätte und Tochtergesellschaft, die aufgrund von nationalen Bestimmungen ausländischer Staaten unterschiedliche Vor- und Nachteile aufweisen.[5] Die Differenzen bestehen nicht nur hinsichtlich gesellschaftsrechtlicher Fragestellungen, sondern auch im Hinblick auf die

---

[1] Vgl. Lau (2005), S. 9; Yearsley (2006).
[2] Vgl. Felsner (2005).
[3] Vgl. Kinkel / Lay / Maloca (2004), S. 10 ff.; Nitschke / Wimmers / Schoder (2003) S. 1 ff.
[4] Vgl. Fanger (2002), S. 9 ff.
[5] Vgl. Abschnitt 2.1.

steuerlichen Konsequenzen, die sich sowohl im nationalen als auch im internationalen Kontext ergeben.

- **Gang der Untersuchung**

Der Zweck dieser Arbeit besteht darin, aufzuzeigen, welche Rechtsform sich bei der Tätigung des ausländischen Geschäfts in bestimmten Situationen aus steuerlicher Perspektive als vorteilhaft aufweist.

Im **ersten** Kapitel werden die Grundbegriffe der Besteuerung ausländischer Sachverhalte wie unbeschränkte Steuerpflicht, die Betriebsstättendefinition sowie verschiedene, die Doppelbesteuerung mildernde Entlastungsmaßnahmen dargestellt und erläutert.

Im **zweiten** Kapitel werden zunächst die allgemeinen, nichtsteuerrechtlichen Vor- und Nachteile der Rechtsformen bei dem ausländischen Engagement diskutiert. Danach werden einige für die Besteuerung relevante Gründungsaspekte geschildert und hinsichtlich ihrer Auswirkungen auf die Höhe der potenziellen Steuerbelastung untersucht. Der wichtigste Teil des zweiten Kapitels befasst sich mit der Analyse der laufenden Besteuerung beider Rechtsformen. Dabei wird ein Steuerbelastungsvergleich mit Hilfe von Teilsteuersätzen[6] durchgeführt und die kritischen Steuersätze, bei deren Über- bzw. Unterschreitung eine Rechtsform gegenüber der anderen Vorteile bei der Besteuerung erlangt, ermittelt.

Das **dritte** Kapitel ist der Untersuchung der Steuerbelastung hinsichtlich der Direktinvestitionen im russischen Staat gewidmet. Das Thema ist gegenwärtig besonders aktuell, weil Russland nicht nur ein wichtiger Handelspartner für Deutschland ist[7], sondern auch ein geeigneter Ort für Direktinvestitionen[8].

Am Anfang des Kapitels werden die für den Steuerbelastungsvergleich relevanten Grundsätze des russischen Steuerrechts und des Doppelbesteuerungsabkommens zwischen Deutschland und Russland aufgezeigt. Danach werden die Gründungsmöglichkeiten beider Rechtsformen und die damit verbundenen

---

[6] Zu den Vor- und Nachteilen der Methode vgl. Freyer (2004), S. 16 ff.
[7] Handelsumsatz im Jahr 2006 betrug 53,6 Mrd. Euro,
http://www.destatis.de/presse/deutsch/pm2007/p0840181.htm (Stand 12.04.2007).
[8] Umfang der deutschen Direktinvestitionen - ca. 2,7 Mrd. USD im Jahr 2006, vgl. hierzu Ost-Ausschuss (Positionspapier 2006), S. 4.

steuerrechtlichen Folgen hinsichtlich der laufenden Besteuerung für deutsche Investoren geschildert. Im letzten Teil des Kapitels werden die rechtsformabhängigen Steuerbelastungsunterschiede im Hinblick auf laufende Erträge, mögliche Verluste und Veräußerungsgewinne untersucht.

- **Die für die Untersuchung getroffenen Annahmen**

Es wird angenommen, dass es **zwei Investorentypen** gibt (beide in Deutschland ansässig und unbeschränkt steuerpflichtig): ein **Einzelunternehmen** und eine **Kapitalgesellschaft**, die eine Niederlassung im ausländischen Staat gründen möchten und eine steuerliche Belastung bei ihren Überlegungen eine nicht unerhebliche Rolle spielt[9]. Aufgrund der zukunftsbezogenen Untersuchung werden die sich aus dem am 14.03.2007 verabschiedeten Entwurf des Unternehmenssteuerreformgesetzes 2008 ergebenden Neuerungen berücksichtigt.

Zusätzlich wird davon ausgegangen, dass

— die steuerlichen Freibeträge bereits durch andere Gewinne der Investoren verbraucht werden,

— die Einkünfte des Anteilseigners sowohl aus der zu untersuchenden unternehmerischen Tätigkeit als auch aus sonstigen Quellen in Deutschland sowie in Russland sehr hoch sind,

— der Investor an der ausländischen Kapitalgesellschaft (Tochtergesellschaft) zu 100 Prozent beteiligt ist,

— die Ermittlung der steuerlichen Bemessungsgrundlage im Ausland grundsätzlich nach ähnlichen Vorschriften wie in Deutschland erfolgt,

— sofern nicht anders angegeben, werden im ausländischen Staat aktive Einkünfte i. S. d. § 8 Abs. 1 AstG erzielt.

---

[9] Vgl. Kinkel / Lay / Maloca (2004), S. 15 ff.; Nitschke / Wimmers / Schoder (2003) S. 6.

1 Grundlagen der internationalen Besteuerung

1.1 Unbeschränkte Steuerpflicht

1.1.1 Natürliche Personen

Eine natürliche Person, die im Inland einen **Wohnsitz** oder ihren **gewöhnlichen Aufenthalt** hat, gilt in Deutschland mit ihrem gesamten Welteinkommen als unbeschränkt steuerpflichtig (§ 1 Abs. 1, § 2 Abs. 1 S. 1 EStG). Eine unbeschränkte Steuerpflicht liegt weiterhin vor, wenn die Voraussetzungen des § 1 Abs. 2 EStG erfüllt sind oder wenn der Steuerpflichtige nach § 1 Abs. 3 EStG unter dort aufgeführten Bedingungen einen Antrag stellt. Diese beiden Fälle werden in dieser Arbeit allerdings nicht weiter vertieft.

- **Wohnsitz**

Der steuerrechtliche Begriff „Wohnsitz" wird im § 8 AO definiert. Demnach hat eine natürliche Person einen Wohnsitz dort, wo sie eine Wohnung unter Umständen innehat, die darauf schließen lassen, dass sie die Wohnung beibehalten und benutzen wird. Somit ist das Innehaben eines Wohnsitzes an drei Voraussetzungen gebunden, die kumulativ erfüllt werden müssen. Es muss eine Wohnung vorliegen, die Person muss sie innehaben und schließlich müssen die Umstände gegeben sein, die auf Beibehaltung und Benutzung schließen lassen.[10]

Eine **Wohnung** i. S. d. § 8 AO liegt vor, wenn die Wohnräume objektiv zum Wohnen geeignet sind. Eine abgeschlossene Wohnung mit Küche und separater Waschgelegenheit ist dabei nicht erforderlich (zu § 8 - Wohnsitz AEAO). Zu den Wohnungen können somit u. U. möblierte Zimmer, dauerhaft angemietete Hotelzimmer, Wohnwagen und Wochenendhäuser gezählt werden. Durch eine gelegentlich benutzte Schlafstelle auf einem Betriebsgelände wird dagegen kein Wohnsitz begründet. Auch eine Gartenlaube, die vorübergehend, z. B. zu Erholungszwecken genutzt wird und nicht winterfest ist, erfüllt die Voraussetzungen der Wohnung i. S. d. § 8 AO nicht. Eine Person kann

---

[10] Vgl. Schmidt / Sigloch / Henselmann (2005), S. 66 ff.

grundsätzlich einige Wohnungen und dementsprechend mehrere Wohnsitze haben.[11]

Eine weitere Voraussetzung besteht darin, dass der Steuerpflichtige **eine Wohnung innehat**. Er muss über sie tatsächlich verfügen können und zu eigenen Wohnzwecken nicht nur vorübergehend nutzen. Ein Hinweis darauf besteht in der Regel dann, wenn der Nutzungsanspruch durch Miet- oder Eigentumsverhältnis gestützt wird.[12] Bei einem Ehegatten wird vermutet, dass er dort seinen Wohnsitz innehat, wo seine Familienwohnung sich befindet.[13] Eine langfristige Vermietung an eine dritte Person schließt das Innehaben der Wohnung i. d. R. aus.[14]

Damit eine Person einen Wohnsitz hat, müssen bestimmte **Umstände vorliegen**, die darauf hinweisen, dass die Person die Wohnung **beibehalten möchte** und sie auch **künftig nutzen wird**. Die Wohnung muss regelmäßig benutzt werden, dabei existieren keine starren Regeln. So kann auch eine gelegentliche Nutzung, z. B. zwei Mal im Jahr, für eine Benutzung sprechen. Weiterhin ist erforderlich, dass ein Wille besteht, die Wohnung zu behalten.[15]

Ein Wohnsitz i. S. d. § 8 AO besteht dann nicht mehr, wenn die inländische Wohnung abgegeben wird. Eine langfristige Vermietung an einen Dritten beim gleichzeitigen Wegzug ins Ausland spricht für Wohnsitzaufgabe.[16] Dabei führen kurze Besuche, die der Beaufsichtigung und Verwaltung der Wohnung dienen, nicht dazu, dass diese Wohnung erneut zum inländischen Wohnsitz wird (zu § 8 - Wohnsitz AEAO).

- **Gewöhnlicher Aufenthalt**

Ein gewöhnlicher Aufenthalt i. S. d. § 9 AO liegt vor, wenn:[17]

- Eine Person sich an einem Ort oder in einem Gebiet unter Umständen aufhält, die erkennen lassen, dass sie dort nicht nur vorübergehend verweilt (§ 9 S. 1

---

[11] Gersch (2006), § 8 AO, Rz. 2; Heinicke (2006), § 1 EStG, Rz. 20.
[12] Vgl. Ax / Große / Melchior (2007), S. 45, Rn. 111; Schmidt / Sigloch / Henselmann (2005), S. 68.
[13] Gersch (2006), § 8 AO, Rz. 3.
[14] Heinicke (2006), § 1 EStG, Rz. 24.
[15] Gersch (2006), § 8 AO, Rz. 4.
[16] Vgl. Ax / Große / Melchior (2007), S. 44, Rn. 109.
[17] Gersch (2006), § 9 AO, Rz. 1 ff.

15

AO). Somit hat sich der Steuerpflichtige im Inland tatsächlich aufzuhalten, dabei ist eine bestimmte Mindestdauer des Aufenthalts nicht erforderlich.[18] Es ist vielmehr der Wille der Person wichtig, sich nicht nur vorübergehend im Inland aufzuhalten.

- Eine Person sich mehr als sechs Monate im Inland aufhält und es sich nicht um einen Aufenthalt i. S. d. § 9 S. 3 AO handelt. Dabei sind kurzfristige Unterbrechungen wie Familienheimfahrt, Jahresurlaub oder geschäftliche Reisen unschädlich.

- Bei einer Aufenthaltsdauer an einem Ort oder in einem Gebiet von mehr als zwölf Monaten eine unwiderlegbare Vermutung vorliegt, dass der Steuerpflichtige dort seinen gewöhnlichen Aufenthalt hat.

Der gewöhnliche Aufenthalt wird i. d. R. dann geprüft, wenn bekannt ist, dass der Steuerpflichtige keinen Wohnsitz im Inland innehat. Die Frist beginnt grundsätzlich mit dem Einreise- und endet mit dem Ausreisetag. Eine natürliche Person kann u. U. innerhalb eines Jahres einen gewöhnlichen Aufenthalt in mehreren Staaten haben, was nach deren gesetzlichen Bestimmungen dazu führen kann, dass sie in diesen Staaten mit ihren gesamten Welteinkünften steuerpflichtig wird.[19]

1.1.2 Juristische Personen

Juristische Personen sind gem. § 1 Abs. 1 KStG in Deutschland unbeschränkt steuerpflichtig, wenn sie ihre **Geschäftsleitung** oder **Sitz** im Inland haben. Die unbeschränkte Steuerpflicht umfasst ihre sämtlichen Einkünfte (§ 1 Abs. 2 KStG).

- **Ort der Geschäftsleitung**

Der Begriff „Geschäftsleitung" wird im § 10 AO als „Mittelpunkt der geschäftlichen Oberleitung" definiert. Unter geschäftlicher Oberleitung wird eine Person oder eine Personengruppe verstanden, die die Gesellschaft leitet; dabei handelt es sich i. d. R. um ihren Vorstand[20], allerdings kann u. U. auch ein

---

[18] Vgl. Frotscher (2005), Rz. 98.
[19] Vgl. Schmidt / Sigloch / Henselmann (2005), S. 70.
[20] Vgl. Ax / Große / Melchior (2007), S. 47, Rn. 115.

16

Gesellschafter, der ins Tagesgeschäft regelmäßig eingreift, oder ein bevollmächtigt handelnder Partner ein Oberleiter sein.[21]

Es muss sich weiterhin um den Mittelpunkt der geschäftlichen Oberleitung handeln. Dabei kommt es grundsätzlich darauf an, an welchem Ort die im Zusammenhang mit der laufenden Geschäftsführung stehenden Entscheidungen getroffen werden. Die allgemeine Festlegung der Unternehmenspolitik sowie Kontrollmaßnahmen der Unternehmenstätigkeit begründen i. d. R. keinen Ort der Geschäftsleitung.[22] Wenn z. B. der Geschäftsführer einer lokalen Gesellschaft im internationalen Konzern über die Abwicklung des Tagesgeschäfts entscheidet, befindet sich der Ort der Geschäftsleitung am Tätigkeitsort des Geschäftsführers und nicht am Sitz der Konzernzentrale.[23]

Sofern eine Gesellschaft mehrere Orte der Geschäftsleitung hat, ist ausgehend von den gesamten ökonomischen und gesellschaftlichen Verhältnissen festzustellen, an welchem Ort die wichtigste Stelle sich befindet[24], was allerdings unter Umständen sehr kompliziert sein kann.[25] Wenn die Unternehmensleitung aus kaufmännischen und technischen Teilen besteht, die an verschiedenen Orten ansässig sind, dann befindet sich der Ort der Oberleitung an dem Ort des kaufmännischen Büros.[26] Nach DBA-Recht kann eine Kapitalgesellschaft nur einen Ort der Geschäftsleitung haben und der wird nach den innerstaatlichen Rechtsvorschriften bestimmt.[27]

- **Sitz**

Der Sitz einer Kapitalgesellschaft wird im § 11 AO definiert. Demnach hat eine Körperschaft ihren Sitz an dem Ort, der durch Gesetz, Satzung, Gesellschaftsvertrag oder ähnliches bestimmt ist. Bei der Feststellung des Ortes des Gesellschaftssitzes ist zunächst zu untersuchen, ob eine Körperschaft nach dem deutschen Recht vorliegt. Es muss sich um eine juristische Person handeln,

---

[21] Gersch (2006), § 10 AO, Rz. 2.
[22] Vgl. Kessler / Müller (2003), S. 363.
[23] Vgl. Frotscher (2005), Rz. 99.
[24] Gersch (2006), § 10 AO, Rz. 3; Kessler / Müller (2003), S. 365.
[25] Vgl. Seibold (2003), S. 48 f.
[26] Gersch (2006), § 10 AO, Rz. 2.
[27] Vgl. Kessler / Müller (2003), S. 367.

allerdings können auch ausländische Rechtsgebilde Körperschaften i. S. v. § 11 AO sein.

Sonderfall – ausländische Gesellschaft

Sofern es sich um eine ausländische Gesellschaft handelt, ist zunächst zu prüfen, ob sie grundsätzlich körperschaftsteuerpflichtig ist. Zu diesem Zweck wird ein sog. „Typenvergleich" durchgeführt, mit dessen Hilfe festgestellt werden soll, inwieweit die rechtliche und wirtschaftliche Struktur des Unternehmens der einer inländischen Körperschaft entspricht.[28] Dabei werden insbesondere folgende Merkmale untersucht:[29]

> Existenz eines rechtsfähigen und wirtschaftlich selbstständigen Gebildes, das eine Trennung des Vermögens und Einkommens von den Gesellschaftern vorsieht;

> eine Haftungsbeschränkung sowie bestimmte Vorschriften über die Mindestkapitalausstattung;

> freie Übertragbarkeit der Anteile;

> eine Trennung zwischen der Unternehmensführung und den Eigentümern.

Weiterhin muss die Gesellschaft in Deutschland **rechtsfähig** sein, damit sie gem. § 1 Abs. 1 Nr. 1 KStG im Inland unbeschränkt steuerpflichtig ist. Bei einer im Ausland gegründeten Gesellschaft wird nach den internationalen Rechtsvorschriften ermittelt, ob sie im Inland rechtsfähig ist. Nach der sog. Sitztheorie, die in Deutschland praktiziert wird, führt die Verlegung eines tatsächlichen Verwaltungssitzes aus dem Ausland nach Deutschland zum Rechtsfähigkeitsverlust der ausländischen Gesellschaft.[30]

Nach einer Reihe von EuGH-Entscheidungen, hat allerdings Deutschland als der Zuzugsstaat die Rechtsfähigkeit der Gesellschaften, die nach dem Recht der anderen **EU-Staaten** gegründet worden sind, anzuerkennen. Die Anwendung von dieser sog. Gründungstheorie führt mithin dazu, dass die in den anderen EU-

---

[28] Vgl. Hey (2005), Rz 27.
[29] Vgl. Frotscher (2005), Rz. 384; Jacobs (2002), S. 502 f.
[30] Vgl. Birk (2003), S. 470.

18

Staaten gegründeten Gesellschaften ihre Rechtsfähigkeit behalten, wenn sie den Ort der Geschäftsleitung bzw. den tatsächlichen Verwaltungssitz nach Deutschland verlegen. Sie werden gem. § 1 Abs. 1 KStG im Inland unbeschränkt steuerpflichtig, sofern sie mit den in Deutschland gegründeten Kapitalgesellschaften vergleichbar sind.[31]

Für die Gesellschaften aus den Drittstaaten bringt die neue Rechtslage in der EU keine Konsequenzen. Sie werden weiterhin unter § 1 Abs. 1 Nr. 5 KStG subsumiert, wenn sie der Rechtsform einer Körperschaft entsprechen und sonstige Voraussetzungen für eine unbeschränkte Steuerpflicht erfüllt sind.[32]

1.2 Der Begriff Betriebsstätte i. S. v. § 12 AO und OECD-MA

In der Literatur wird Betriebsstätte als eine feste Geschäftseinrichtung, die einer unternehmerischen Tätigkeit dient, ohne dabei eine rechtliche Selbständigkeit zu besitzen, bezeichnet.[33] Wenn sich ein Unternehmen im ausländischen Staat dauerhaft gewerblich engagiert, wird es mit seinen dort erzielten Einkünften i. d. R. beschränkt steuerpflichtig, sofern seine in dem Staat begründete Niederlassung der im nationalen Steuerrecht des ausländischen Staates verankerten Betriebsstättendefinition entspricht.[34]

In den Fällen, wenn Deutschland mit einem ausländischen Staat kein DBA unterhält, gilt für die inländische Einkünfteermittlung die Betriebsstättendefinition des § 12 AO. Daran sind sowohl die inländischen unilateralen Entlastungsmaßnahmen hinsichtlich der Doppelbesteuerung (§ 34c i. V. m. § 34d Nr. 2 Buchst. a) EStG) als auch die gewerbesteuerlichen Regelungen geknüpft.[35]

Der Betriebsstättenbegriff, der in den zwischen Deutschland und verschiedenen ausländischen Staaten bestehenden DBA zur Anwendung kommt, kann von der Definition i. S. v. § 12 AO abweichen. Solche Abweichungen und die daraus resultierenden Folgen für den Steuerpflichtigen werden unten kurz dargestellt.

---

[31] Vgl. Birk (2003), S. 471 ff.; Deininger (2003), S. 214 f.; Seibold (2003), S. 46 f.
[32] Vgl. Frotscher (2005), Rz. 385; Seibold (2003), S. 47.
[33] Vgl. Jacobs (2002), S. 479.
[34] Vgl. Haiß (2003), S. 32.
[35] Vgl. Grotherr (2003), S. 200 f.; Jacobs (2002), S. 480.

Nach § 12 AO ist jede feste Geschäftseinrichtung oder Anlage, die der Tätigkeit eines Unternehmens dient, als Betriebsstätte anzusehen. Aus dieser Definition folgt, dass bestimmte Bedingungen erfüllt werden müssen, damit es sich um eine Betriebsstätte handelt:

> Es muss eine **feste Geschäftseinrichtung oder Anlage** vorliegen, wie z. B. Büro, Wohnung; allerdings können auch Einrichtungen, die ohne menschliches Tätigwerden funktionieren, wie z. B. Internet-Server[36], Plakatsäule oder Erdöl-Pipeline eine Betriebsstätte begründen.[37] Dabei sind keine besonderen baulichen oder räumlichen Voraussetzungen erforderlich.[38] Diese Geschäftseinrichtung oder Anlage muss feste Beziehung zur Erdoberfläche aufweisen. Dies ist im weiten Sinne zu verstehen, d. h. dass auch eine regelmäßige örtliche Fixierung in Zusammenhang mit einer räumlichen Begrenzung (z. B. Standplatz auf einem Markt) genügt, um eine Betriebsstätte zu begründen.[39]

> Weiterhin muss in dieser Einrichtung eine **Unternehmenstätigkeit** ausgeübt werden. Dies setzt voraus, dass der Unternehmer über die Einrichtung verfügen kann (rechtlich und faktisch)[40] und dass er darin seine Geschäftstätigkeit ausübt.[41] Dazu zählen sowohl Haupt- als auch Nebentätigkeiten; die Sozialeinrichtungen können dagegen keine Betriebsstätte bilden.[42] Die Tätigkeit muss dauerhaft sein, somit reicht eine vorübergehende unternehmerische Betätigung nicht aus.

Einige konkrete Beispiele von Einrichtungen, die als Betriebsstätten gelten, sind im § 12 S. 2 AO aufgelistet. Es ist allerdings zu beachten, dass die Aufzählung einerseits nicht abschließend ist und im konkreten Fall bei der Bestimmung des Vorliegens einer Betriebsstätte die Kriterien des § 12 S. 1 AO heranzuziehen sind, andererseits werden die im Katalog (§ 12 S. 2 AO) aufgeführten Einrichtungen

---

[36] Vgl. Kessler / Peter: (2001), S. 239.
[37] Vgl. Haiß (2003), S. 33 f.
[38] Kruse (2003), § 12 AO, Tz. 5.
[39] Vgl. Haiß (2003), S. 34.
[40] Vgl. Ax / Große / Melchior (2007), S. 48, Rn. 118; Kruse (2003), § 12 AO, Tz. 12.
[41] Vgl. Haiß (2003), S. 34.
[42] Vgl. Schmidt / Sigloch / Henselmann (2005), S. 77.

auch dann zu Betriebsstätten, wenn sie keine festen Geschäftseinrichtungen oder Anlagen sind.[43]

Die nationale Definition einer Betriebsstätte i. S. v. § 12 AO gilt nur insofern, als mit dem ausländischen Staat kein DBA besteht. Beim Vorliegen eines DBA wird die nationale Definition durch die dort enthaltene verdrängt.[44]

Die OECD-MA Betriebsstättendefinition entspricht weitgehend der deutschen Definition. Sie knüpft auch an ein solches Merkmal wie feste Geschäftseinrichtung an, die der Geschäftstätigkeit eines Unternehmens dient (Art. 5 Abs. 1 OECD-MA).

Allerdings bestehen zwischen den Definitionen auch einige Unterschiede:[45]

> Bei Montagen und Bauausführungen wird nach dem nationalen Recht eine Betriebsstätte begründet, wenn die Dauer von sechs Monaten überschritten wird (§ 12 S. 1 Nr. 8 AO), dagegen liegt sie nach dem OECD-MA erst nach zwölf Monaten vor (Art. 5 Abs. 3 OECD-MA).

> Ein weiterer wesentlicher Unterschied besteht bei der Abgrenzung der Tätigkeiten, die zu einer Betriebsstättenentstehung führen. Im OECD-MA werden verschiedene Ausnahmen aufgezählt, darunter auch vorbereitende und unterstützende Tätigkeiten (Art. 5 Abs. 4 Buchst. e) OECD-MA). Damit werden die Geschäftseinrichtungen, die z. B. dem Zweck dienen Werbemaßnahmen durchzuführen (soweit sie kein Unternehmensgegenstand sind) oder Auskünfte über das Unternehmen zu erteilen nach dem OECD-MA im Gegensatz zu den deutschen Rechtsvorschriften nicht als Betriebsstätte qualifiziert.[46]

---

[43] Vgl. Haiß (2003), S. 36.
[44] Vgl. Frotscher (2005), Rz. 262.
[45] Vgl. Frotscher (2005), Rz. 264 ff.; Haiß (2003), S. 37 f.; Jacobs (2002), S. 479 ff.; Schmidt / Sigloch / Henselmann (2005), S. 284.
[46] Vgl. Haiß (2003), S. 38; Piltz (2004), S. 181 ff.

1.3 Die Maßnahmen zur Vermeidung bzw. Minderung der Doppelbesteuerung

Die ausländischen Einkünfte der in Deutschland unbeschränkt steuerpflichtigen natürlichen und juristischen Personen unterliegen i. d. R. sowohl der inländischen als auch der ausländischen Besteuerung. Dies führt meistens dazu, dass eine Doppelbesteuerung dieser Einkünfte entsteht. Um sie zu vermeiden bzw. zu mildern existieren im nationalen Steuerrecht verschiedene Entlastungsmethoden wie Steueranrechnung, Pauschalierung und Abzug. Sie werden durch die Freistellungsmethode, die in den mit den anderen Staaten abgeschlossenen Doppelbesteuerungsabkommen vorgesehen ist, ergänzt.[47]

Ausländische Einkünfte i. S. v. § 34d EStG

Die einseitigen nationalen Entlastungsmaßnahmen (mit Ausnahme der Abzugsmethode, wenn sie von Amts wegen gem. § 34c Abs. 3 EStG angewendet wird), gelten nur für die im § 34d EStG abschließend aufgeführten ausländischen[48] Einkünfte.[49]

§ 34d EStG umfasst sowohl die Haupt- als auch die Nebeneinkunftsarten. Zu den Haupteinkunftsarten gehören Einkünfte aus Land- und Forstwirtschaft, Gewerbebetrieb und selbständiger Tätigkeit; zu den Nebeneinkunftsarten gehören Einkünfte aus Veräußerung von Wirtschaftsgütern, aus nichtselbständiger Arbeit, aus Kapitalvermögen, aus Vermietung und Verpachtung und sonstige Einkünfte.[50]

Eine wichtige Regelung enthält § 34d Nr. 2a EStG; demnach zählen zu den Einkünften aus Gewerbebetrieb auch Nebeneinkunftsarten, wenn sie isoliert gesehen keine Einkünfte aus Gewerbebetrieb darstellen. Somit ist zunächst festzustellen, ob die ausländischen Einkünfte unter die Nummer 3, 4, 6, 7 oder 8c fallen. Wenn dies zutrifft, ist weiterhin zu untersuchen, ob sie nach deutschem Recht zu den Einkünften aus Gewerbebetrieb gehören. Im positiven Fall werden sie gem. § 34d Nr. 2a EStG den Einkünften aus Gewerbebetrieb zugerechnet, und die auf sie entfallenden ausländischen Steuern können mit Hilfe von

---

[47] Vgl. Schmidt / Sigloch / Henselmann (2005), S. 97.
[48] Es handelt sich grundsätzlich um Einkünfte, die im Auslandsgebiet, das kein Inland i. S. v. § 1 Abs. 1 S. 2 EStG erwirtschaftet werden.
[49] Ebd., S. 116 f.
[50] Vgl. Schult (2002), S. 30.

Entlastungsmaßnahmen wie Anrechnung, Abzug oder Pauschalierung bei Vorliegen sonstiger dafür notwendiger Voraussetzungen im Inland bei der Ermittlung der deutschen Steuerbelastung berücksichtigt werden.

1.3.1 Anrechnung

- **Anrechnung im Einkommensteuergesetz**

Die Anrechnungsmethode ist im § 34c Abs. 1 EStG verankert. Ihr Prinzip besteht darin, dass die im ausländischen Staat auf das dort erwirtschaftete Einkommen entrichteten Steuern auf die deutsche Einkommensteuer, die auf diese ausländischen Einkünfte entfällt, angerechnet werden können.

Ihre Anwendung ist an bestimmte Voraussetzungen geknüpft, die kumulativ erfüllt sein müssen:

- Subjektidentität, d. h. der Steuerschuldner im Ausland sowie im Inland muss der gleiche sein.

- Vorliegen der ausländischen Einkünfte i. S. v. § 34d EStG.

- Die ausländische Steuer soll der deutschen Einkommensteuer entsprechen. Grundsätzlich werden die direkten Steuern als gleichartig anerkannt, dagegen gelten die indirekten Abgaben, wie Zölle sowie Verbrauchs- und Verkehrsteuer, meistens als nicht anrechenbar.[51]

- Die ausländischen Steuern müssen in dem Staat erhoben werden, aus dem die Einkünfte stammen.

- Nur eine festgesetzte, gezahlte und keinem Ermäßigungsanspruch unterliegende ausländische Steuer gilt als anrechenbar. Der Steuerpflichtige hat die Höhe seiner ausländischen Einkünfte sowie die Unterlagen über die Festsetzung und Zahlung der ausländischen Steuern gem. § 68b EStDV gegenüber dem Finanzamt nachzuweisen.

- Die Anrechnung ist nur dann möglich, wenn die ausländische Steuer auf die Einkünfte entfällt, die im gleichen (identischen) Veranlagungszeitraum erzielt

---

[51] Vgl. Schmidt / Sigloch / Henselmann (2005), S. 101.

worden sind (§ 34c Abs. 1 S. 5 EStG). Somit können z. B. Steuernachzahlungen, die aus ausländischen Betriebsprüfungen resultieren, nicht auf die deutsche Steuer im aktuellen VZ angerechnet werden.[52] Weitere Schwierigkeiten können außerdem entstehen, wenn die Gewinnrealisierungszeitpunkte nach den ausländischen steuerrechtlichen Vorschriften anders bestimmt werden als nach den deutschen. So fordert z. B. der russische Steuerkodex eine Teilgewinnrealisierung aus langfristigen Aufträgen, dabei werden die Gewinne im Verhältnis zu den anfallenden Kosten auf Fertigungsperioden verteilt; eine Abnahme von Teilleistungen bedarf es nicht (Art. 271 Abs. 2 StK-Rus).

Die Anrechnung der ausländischen Steuerbelastung erfolgt bis zur Höhe der deutschen Einkommensteuer, die auf diese ausländischen Einkünfte entfällt, und wird somit auf einen bestimmten Höchstbetrag begrenzt, der nach § 34c Abs. 1 S. 2 EStG zu ermitteln ist:[53]

$$\text{Anrechnungshöchstbetrag} = \frac{\text{ausländische Einkünfte}}{\text{Gesamtbetrag der Einkünfte}} \times \text{deutsche Einkommenssteuer}$$

Bei der Feststellung des Anrechnungshöchstbetrags ist zunächst der **Gesamtbetrag** der Einkünfte zu ermitteln. In dessen Berechnung werden alle Einkünfte (sowohl inländische als auch ausländische i. S. v. § 34d EStG), soweit sie im Inland steuerbar sind, einbezogen; ihre Ermittlung erfolgt nach den deutschen Steuervorschriften.

Im zweiten Schritt werden die im § 34d EStG aufgeführten **ausländischen** Einkünfte identifiziert, die in die Höchstbetragsberechnung einfließen. Dabei dürfen ausländische Einkünfte, die in dem Staat, aus dem sie stammen, nach dessen Recht nicht besteuert werden und die somit keiner Doppelbesteuerung unterliegen, nicht berücksichtigt werden (§ 34c Abs. 1 S. 3 EStG). Das gleiche gilt für die Einkünfte, die gem. § 34c Abs. 5 EStG nach der Pauschalierungsmethode besteuert werden (R. 34c Abs. 3 EStR). Bei der Ermittlung der ausländischen Einkünfte sind die mit ihnen im wirtschaftlichen

---

[52] Ebd., S. 103; Zenthöfer / Schulze zur Wiesche (2007), S. 1083.
[53] Vgl. Grotherr (2003), S. 84 f.

Zusammenhang stehenden Betriebsausgaben und Vermögensminderungen gem. § 34c Abs. 1 S. 4 EStG abzuziehen.[54] Die Ermittlung der Einkünfte erfolgt nach den Vorschriften des inländischen Einkommensteuerrechts (R 34c Abs. 3 S. 3 EStR).

Stammen ausländische Einkünfte aus verschiedenen Staaten, dann werden gem. § 68a S. 2 EStDV die anrechenbaren Höchstbeträge für jeden einzelnen Staat gesondert berechnet. Diese Vorgehensweise hat zur Folge, dass mögliche Anrechnungsüberhänge, die dann entstehen, wenn die tatsächliche ausländische Steuerbelastung den Anrechnungshöchstbetrag übersteigt, nicht mit den nicht ausgeschöpften Anrechnungshöchstbeträgen aus anderen Staaten verrechnet werden können.[55] Solche Anrechnungsüberhänge dürfen außerdem weder abgezogen noch rück- bzw. vorgetragen werden.[56]

- **Anrechnung im Körperschaftsteuergesetz**

Die ausländische Steuer wird auf die deutsche Körperschaftsteuer angerechnet, wenn die im § 26 Abs. 1 KStG aufgeführten Voraussetzungen erfüllt sind und mit dem Staat, aus dem die ausländischen Einkünfte stammen, kein DBA besteht, das eine andere Entlastungsmaßnahme vorsieht (§ 26 Abs. 1, 6 KStG i. V. m. § 34c EStG).

Nach § 26 Abs. 1 KStG ist die ausländische Steuer nur dann anrechenbar, wenn:

- sie der deutschen Körperschaftsteuer entspricht;

- die ausländischen Einkünfte i. S. v. § 34d EStG vorliegen, die im gleichen Zeitraum erzielt worden sind;

- sie in dem Staat erhoben wurde, aus welchem die Einkünfte stammen;

- sie bereits von der ausländischen Behörde festgesetzt sowie vom Steuerpflichtigen bezahlt worden ist und kein Anspruch auf eine Ermäßigung besteht.

---

[54] Heinicke (2006), § 34c EStG, Rz. 15.
[55] Vgl. Grotherr (2003), S. 87.
[56] Vgl. Schmidt / Sigloch / Henselmann (2005), S. 105 f.

Wie bei der Einkommensteuer wird der Anrechnungshöchstbetrag für verschiedene Staaten ermittelt, indem der Anteil der ausländischen Einkünfte an den Gesamteinkünften mit der tariflichen Körperschaftsteuer auf das Welteinkommen multipliziert wird.[57]

1.3.2 Abzug

Eine weitere Methode, die zur Minderung der Doppelbesteuerung gem. § 34c Abs. 2, 3 EStG angewendet wird, besteht darin, dass die ausländischen Steuern wie Betriebsausgaben oder Werbungskosten bei der Berechnung der inländischen Bemessungsgrundlage von der jeweiligen Einkunftsart abgezogen werden.[58] Die Anwendung der Abzugsmethode kann vom Steuerpflichtigen beantragt werden, wenn alle Voraussetzungen für eine Anrechnungsmethode erfüllt sind (§ 34c Abs. 2 EStG; § 26 Abs. 6 KStG). Stammen ausländische Einkünfte aus mehreren Staaten, kann ein Antrag für den jeweiligen Staat gesondert gestellt werden.[59] Bei unterschiedlichen Einkünften aus demselben Staat hat sich der Steuerpflichtige für eine bestimmte Methode zu entscheiden, die dann bei allen Einkünften einheitlich zur Anwendung kommt (R 34c Abs. 4 S. 1 EStR).

Wenn der Steuerpflichtige zwischen Anrechnungs- und Abzugsmethode wählen darf, hat er festzustellen, welche Methode für ihn eine maximale Steuerminderung mit sich bringt und somit vorteilhaft ist. I. d. R. ist die Abzugsmethode günstiger als die Anrechnungsmethode, wenn:

- im Inland hohe Verluste erwirtschaftet werden, die dazu führen, dass das Welteinkommen insgesamt negativ ist und somit keine inländische Steuer vorliegt, auf die die ausländische Steuer angerechnet werden könnte;

- die ausländischen Einkünfte nach dem Recht des Staates, in dem sie erwirtschaftet worden sind, für die dortige Besteuerung anders (z. B. nach der Bruttomethode, wonach die mit den Einnahmen verbundenen Ausgaben bei der Festsetzung der Steuerbemessungsgrundlage nicht berücksichtigt werden) als nach den deutschen Normen ermittelt werden. Solche Vorgehensweise kann dazu führen, dass, obwohl im Ausland eine Steuer erhoben wird, das

---

[57] Roser (2004), § 26 KStG, Rz. 103 ff.
[58] Vgl. Grotherr (2003), S. 90.
[59] Ebd.

Anrechnungsverfahren unmöglich ist, weil die nach den deutschen Vorschriften (unter Berücksichtigung von Betriebsausgaben und Werbungskosten) ermittelten ausländischen Einkünfte sehr gering oder negativ sind.[60]

Weiterhin kommt die Abzugsmethode gem. § 34c Abs. 3 EStG **von Amts wegen** zur Anwendung, wenn die Anrechnung aus folgenden Gründen nicht möglich ist:

- die ausländische Steuer entspricht der deutschen Einkommensteuer nicht;

- die Quellensteuer wird nicht in dem Staat erhoben, aus dem die Einkünfte stammen;

- es liegen keine ausländischen Einkünfte i. S. v. § 34d EStG vor.

Bei der Anwendung der Abzugsmethode kann bei der Berechnung des Gesamtbetrags der Einkünfte ein nicht ausgeglichener Verlust entstehen oder ein bereits vorhandener Verlust sich erhöhen; dabei besteht die Möglichkeit, solche Verluste gem. § 10d EStG sowohl rück- als auch vorzutragen.[61]

Die Anwendung der Abzugsmethode ist gem. § 34c Abs. 6 S. 2 2. HS EStG **nicht zulässig**, wenn ein mit dem ausländischen Staat bestehendes DBA eine fiktive Steueranrechnung vorsieht.

1.3.3 Erlass und Pauschalierung

Nach § 34c Abs. 5 EStG können die obersten Finanzbehörden der Länder oder die von ihnen beauftragten Finanzbehörden mit Zustimmung des BMF die auf die ausländischen Einkünfte entfallende deutsche Einkommensteuer ganz oder teilweise erlassen oder in einem Pauschbetrag festsetzen, wenn es aus volkswirtschaftlichen Gründen zweckmäßig ist oder wenn die Anwendung der Anrechnungsmethode besonders schwierig ist. Basierend darauf existieren zwei Erlasse: **Auslandstätigkeitserlass** und **Pauschalierungserlass**.[62]

- **Auslandstätigkeitserlass**

---

[60] Vgl. Schmidt / Sigloch / Henselmann (2005), S. 108 f.
[61] Vgl. Zenthöfer / Schulze zur Wiesche (2007), S. 1085.
[62] Beide Erlasse gelten nur für die Staaten, mit denen kein DBA besteht.

Nach dem Auslandstätigkeitserlass können Einkünfte aus nichtselbständiger Arbeit für begünstigte Tätigkeiten im Ausland von der deutschen Besteuerung auf Antrag freigestellt werden. Die auf diese Weise freigestellten Einkünfte werden allerdings bei der Bestimmung des Steuersatzes auf die sonstigen Einkünfte durch die Anwendung des Progressionsvorbehalts berücksichtigt.[63] Der Auslandstätigkeitserlass betrifft lediglich Einkünfte aus nichtselbständiger Arbeit und wird hier nicht weiter vertieft.

- **Pauschalierungserlass**

Gem. dem Pauschalierungserlass kann die inländische Steuer auf bestimmte ausländische Einkünfte ganz oder teilweise erlassen werden oder es erfolgt eine pauschale Besteuerung mit 25 v. H. Diese Regelung gilt sowohl für Einkommen- als auch für Körperschaftsteuer unter der Voraussetzung, dass der Steuerschuldner in Deutschland unbeschränkt steuerpflichtig ist.[64]

Weiterhin gelten folgende Voraussetzungen:

- Die Gewinnermittlung muss durch Betriebsvermögensvergleich erfolgen.

- Die Aktivitätsklausel muss erfüllt werden, d. h. die Bruttoerträge der ausländischen Betriebsstätte, Personengesellschaft oder Tochtergesellschaft müssen ausschließlich oder mindestens zu 90 v. H. (A 76 IX KStR) aus der Gewinnung von Bodenschätzen, der Bewirkung von gewerblichen Leistungen, Herstellung oder Lieferung von Waren, die keine Waffen sind, stammen.

---

[63] Vgl. BMF-Schreiben v. 31.10.1983, BStBl. I 1983, S. 470.
[64] Vgl. BMF-Schreiben v. 10.04.1984, BStBl. I 1984, S. 252.

Zu den **begünstigten Einkünften** gehören:

- Einkünfte aus Gewerbebetrieb aus einer ausländischen Betriebsstätte, wenn durch die entsprechenden organisatorischen Maßnahmen wie Kostenrechnung und Buchhaltung eine Ausgliederung derjenigen Einkünfte ermöglicht wird.

- Einkünfte aus einer Beteiligung an einer ausländischen Personengesellschaft, wenn die Beteiligung zum Betriebsvermögen eines inländischen Gewerbebetriebs gehört und der Steuerpflichtige als Mitunternehmer anzusehen ist.

- Einkünfte aus selbständiger Tätigkeit, wenn sie auf der technischen Beratung, Planung und Überwachung bei Anlagenerrichtung beruhen und in einer im Ausland unterhaltenen Betriebsstätte erzielt werden.

Zu den **nicht begünstigten** Einkünften gehören Veräußerungsgewinne aus dem Verkauf der Betriebsstätte oder eines Mitunternehmeranteils.

Die Rechtsfolgen der pauschalen Besteuerung bestehen darin, dass

- bei mehreren Einkunftsquellen in einem ausländischen Staat, aus denen begünstigte Einkünfte stammen, auf das Gesamtergebnis abgestellt wird und sowohl Gewinne als auch Verluste saldiert werden;

- die begünstigten Einkünfte dann im Inland mit 25 v. H. pauschal besteuert werden, höchstens jedoch mit 25 v. H. des zu versteuernden Einkommens; dabei bleiben diese Einkünfte bei der Ermittlung der inländischen Steuer auf die nicht begünstigten Einkünfte außer Betracht;

- für die ausländischen Steuern, die im Quellenstaat auf die pauschal besteuerten Einkünfte erhoben werden, weder die Anrechnungs- noch die Abzugsmethode angewendet werden darf.

Die Anwendung der Pauschalbesteuerung ergibt Sinn, wenn die ausländische Besteuerung relativ gering ist. In anderen Fällen ist i. d. R. eine Anrechnung oder

Abzug vorteilhafter.[65] Der Steuerpflichtige kann jedes Jahr neu entscheiden, ob er einen Antrag auf die Anwendung der Pauschalierungsmethode stellt.

1.3.4 Freistellung

■ **Freistellung ausländischer Einkünfte**

Der Grundgedanke des **Kapitalimportneutralitätsprinzips** besteht darin, dass die ausländischen Unternehmenseinkünfte ausschließlich mit den ausländischen Steuern belastet werden.[66] Damit sollen die einheimischen Unternehmen auf internationalen Märkten mit ihren Wettbewerbern in steuerlicher Hinsicht die gleichen Bedingungen haben. Dieses Prinzip wird praktisch realisiert, indem bestimmte ausländische Einkünfte deutscher Unternehmen im Inland von der Besteuerung freigestellt werden (sog. Freistellungsmethode). In den DBA mit den anderen Staaten stellt Deutschland z. B. Einkünfte aus unbeweglichem Vermögen, Betriebsstätteneinkünfte sowie Einkünfte aus nichtselbständiger Arbeit (unter bestimmten Voraussetzungen)[67] i. d. R. frei.[68]

Das dabei entstehende Problem ergibt sich daraus, dass die inländische progressive Besteuerung von Einkünften (mit Einkommensteuer) unterbleibt oder sich verringert, wenn die Einkünfte auf verschiedene Länder verteilt werden (sog. Splittingeffekt).[69] Solche Auswirkung einer Freistellung wird als eine ungerechte Vergünstigung des Steuerpflichtigen gegenüber den anderen Steuerzahlern, die ihr gesamtes Einkommen im Inland erwirtschaften, gesehen.[70]

● **Progressionsvorbehalt**

Dieses Problem wird gelöst, indem die freigestellten Einkünfte bei der Bestimmung der Höhe des Steuersatzes, mit dem die inländischen Einkünfte besteuert werden, gem. § 32b Abs. 1 Nr. 3 EStG berücksichtigt werden (sog. Freistellung mit Progressionsvorbehalt).[71] Der besondere Steuersatz i. S. v. § 32b

---

[65] Vgl. Schmidt / Sigloch / Henselmann (2005), S. 113.
[66] Ebd., S. 24.
[67] Vgl. OFD Nürnberg (2004), S. 49 ff.
[68] Ebd; Schmidt / Sigloch / Henselmann (2005), S. 114.
[69] Ebd; Schult (2002), S. 240.
[70] Vgl. Zenthöfer / Schulze zur Wiesche (2007), S. 1071.
[71] Ebd.

Abs. 1 EStG kommt von Amts wegen zur Anwendung, sofern das bestehende DBA einen Progressionsvorbehalt vorsieht.[72]

Bei der Berechnung des besonderen Steuersatzes wird die Höhe des Welteinkommens ermittelt. Dabei sind die deutschen steuerrechtlichen Vorschriften anzuwenden, z. B. der Gewinn der ausländischen Betriebe wird gem. §§ 4, 5 EStG ermittelt, es gelten die deutschen Vorschriften über AfA. Bei der Berechnung des Einkommens sind die im Zusammenhang mit den Einnahmen stehenden Betriebsausgaben und Werbungskosten abzuziehen; dagegen werden die im Ausland gezahlten Ertragsteuern nicht berücksichtigt.[73] Die außerordentlichen Einkünfte mit dem Auslandsbezug werden zu einem Fünftel angesetzt (§ 32b Abs. 2 S. 2 EStG). Die Freibeträge, Sonderausgaben und außergewöhnliche Belastungen i. S. v. § 2 Abs. 3 bis 5 EStG sind bei der Ermittlung des Gesamtbetrags der Einkünfte zu beachten.[74]

Das z. v. E. wird mit dem besonderen Steuersatz (§ 32b Abs. 2 EStG), der sich aus der Anwendung des Tarifs i. S. v. § 32a Abs. 1 EStG auf das Gesamteinkommen ergibt, gem. § 32b Abs. 1 EStG besteuert.

Der Progressionsvorbehalt kann sowohl positiv als auch negativ sein. Bei einem positiven Progressionsvorbehalt steigt die Belastung der inländischen Einkünfte Steuerpflichtiger; der negative Progressionsvorbehalt bewirkt das Gegenteil. Die freigestellten ausländischen Verluste können den durchschnittlichen Steuersatz, der auf das z. v. E. angewendet wird, sogar bis auf 0 % senken.[75]

Allerdings können nicht alle ausländischen Verluste zu einem negativen Progressionsvorbehalt führen, denn ihre Geltendmachung wird durch § 2a EStG eingeschränkt. Bestimmte ausländische Verluste, die nach § 2a EStG im Inland nur eingeschränkt berücksichtigt werden können, werden bei der Bestimmung des negativen Progressionsvorbehalts nicht beachtet.[76]

---

[72] Ebd.
[73] Vgl. OFD Nürnberg (2004), S. 23.
[74] Ebd; Vgl. Schmidt / Sigloch / Henselmann (2005), S. 115.
[75] Vgl. OFD Nürnberg (2004), S. 16; Zenthöfer / Schulze zur Wiesche (2007), S. 1073.
[76] Vgl. Schmidt / Sigloch / Henselmann (2005), S. 116.

Zu den negativen ausländischen Einkünften, deren Verlustabzug oder Verlustausgleich eingeschränkt wird, gehören gemäß § 2a Abs. 1 EStG u. a:

- Verluste aus ausländischen Betriebsstätten, die gewerbliche Erträge aus sog. „passiven" Tätigkeiten erwirtschaften,

- Verluste aus Vermietung von unbeweglichem Vermögen und Sachinbegriffen, die in einem ausländischen Staat belegen sind,

- Verluste aus dem Verkauf einer Beteiligung an einer ausländischen Körperschaft oder aus ihrer Wertminderung, wenn die Voraussetzungen des § 2a Abs. 2 EStG nicht erfüllt sind.

Manche DBA enthalten eine sog. Rückfallklausel, deren Auswirkungen darin bestehen, dass die ausländischen Einkünfte in Deutschland nur dann freizustellen sind, wenn sie im ausländischen Staat tatsächlich besteuert werden.[77]

- **Freistellung ausländischer Einkünfte im Körperschaftsteuergesetz**

Nach § 8b Abs. 1, 2 KStG werden die Erträge aus ausländischen Beteiligungen (sowohl Dividenden als auch Veräußerungsgewinne) von der inländischen Besteuerung freigestellt. Allerdings gelten 5 v. H. der erzielten Erträge als nicht abzugsfähige Betriebsausgaben und werden dementsprechend mit Körperschaftsteuer belastet (§ 8b Abs. 3 S. 1 u. Abs. 5 S. 1 KStG). Die Aufwendungen, die im Zusammenhang mit den Einnahmen i. S. v. § 8b Abs. 1 KStG stehen, dürfen unbeschränkt abgezogen werden (§ 8b Abs. 5 S. KStG). Das gleiche gilt für die Gewinnminderungen, die aufgrund von Wertminderungen der Beteiligungen i. S. v. § 8b Abs. 2 KStG entstehen (§ 8b Abs. 3 S. 3 KStG).

1.3.5 Verhältnis zwischen unilateralen und DBA-Entlastungsmaßnahmen

Grundsätzlich gelten die im § 34c EStG definierten unilateralen Entlastungsmaßnahmen nur in den Fällen, wenn mit dem Staat, aus dem die Einkünfte des Steuerpflichtigen stammen, kein DBA besteht (§ 34c Abs. 6 S. 1

---

[77] Vgl. OFD Nürnberg (2004), S. 22 f.; Valova / Bodenlocher / Koch (2002), S. 405.

EStG). Wenn mit einem Staat ein DBA abgeschlossen wurde, haben seine Regelungen Vorrang vor den nationalen deutschen Normen.[78]

Sofern ein bestehendes DBA eine Anrechnungsmethode vorsieht, gelten die Bestimmungen des § 34 Abs. 1 u. 2 EStG entsprechend (§ 34 Abs. 6 S. 2 EStG). Eine Anrechnungsmethode kommt auch dann zur Anwendung, wenn das DBA nicht alle im betreffenden Staat erhobenen Steuern erfasst oder seine Anwendung eine Doppelbesteuerung nicht beseitigt (§ 34c Abs. 6 S. 4 EStG). Bei der Bestimmung des Anrechnungshöchstbetrags werden nur die ausländischen Einkünfte einbezogen, für die keine Freistellung nach dem DBA vorgesehen ist.[79] Wenn ein bestehendes DBA für bestimmte Einkünfte eine Steueranrechnung vorsieht, kann der Steuerpflichtige einen Antrag auf die Anwendung der Abzugsmethode stellen (§ 34c Abs. 6 S. 2 EStG). Im solchen Fall ist das Optionsrecht einheitlich für alle Einkünfte, die aus dem betreffenden Staat stammen und nach DBA anrechenbar sind, auszuüben.[80]

---

[78] Vgl. Schmidt / Sigloch / Henselmann (2005), S. 99.
[79] Vgl. Grotherr (2003), S. 97.
[80] Ebd., S. 97 f.

2 Gründung einer ausländischen Betriebsstätte bzw. Tochtergesellschaft

Bei seinem Auslandsengagement kann der deutsche Investor i. d. R. zwischen einer Betriebsstätte und einer Tochtergesellschaft als Organisationsform wählen.

2.1 Allgemeine Rechtsformwirkungen

▪ Betriebsstätte

Folgende Gründe können für eine Betriebsstättengründung im ausländischen Staat sprechen:[81]

– Die Gründungskosten sind i. d. R. deutlich niedriger, als bei einer Tochtergesellschaft.

– Unter Zugrundelegung des Kapitals des Stammhauses können die ausländischen Eigenkapitalanforderungen bei Finanzdienstleistern i. d. R. besser erfüllt werden.

– Sofern mit dem ausländischen Staat kein DBA besteht, das eine Freistellung von Betriebsstätteneinkünften vorsieht, können die möglicherweise entstehenden Verluste im Inland geltend gemacht werden.

– Die Gewinnüberweisungen an das Stammhaus werden mit einer Quellensteuer nicht belegt.

▪ Tochtergesellschaft

– Eine Tochtergesellschaft in Form einer Kapitalgesellschaft besitzt eine zivilrechtliche Selbständigkeit, wodurch u. a. die Haftung ihrer Gesellschafter mit ihrem Privatvermögen im Gegensatz zu einer Betriebsstätte in den meisten Fällen ausgeschlossen wird.

– Die rechtlich selbständige Tochtergesellschaft wird nach dem Recht des ausländischen Staats gegründet und erscheint dort als „inländisches"

---

[81] Vgl. Frotscher (2005), Rz. 261.

Unternehmen, wodurch z. B. eine bessere Akzeptanz bei den Geschäftspartnern erreicht werden könnte.

— Eine nach dem ausländischen Recht gegründete Kapitalgesellschaft besitzt i. d. R. bessere Möglichkeiten in ihrem Domizilstaat die Finanzierung auf dem organisierten Kapitalmarkt in Anspruch zu nehmen.

Es ist ersichtlich, dass beide Organisationsformen bestimmte Vor- und Nachteile aufweisen. Obwohl die Betriebsstätte i. d. R. Regel leichter zu gründen ist, wird die Tochtergesellschaft als Organisationsform deutlich häufiger für das ausländische Engagement gewählt.[82]

2.2 Wichtige Gründungsaspekte

Bei der Gründung einer ausländischen Betriebsstätte bzw. Tochtergesellschaft ist u. a. zu beachten, wie die Vorbereitungskosten, Überführung und Nutzungsüberlassung von Wirtschaftsgütern steuerlich behandelt werden.

- **Steuerliche Behandlung von Vorbereitungskosten**

Ab dem Zeitpunkt des offiziellen Investitionsbeschlusses zählen die konkreten Planungsaufwendungen zu den sog. **Vorbereitungskosten.**[83] Sie sind nach der Auffassung der Finanzverwaltung den **Betriebsstättenaufwendungen** zuzuordnen und werden im Inland dementsprechend steuerlich behandelt.[84] Wenn mit dem ausländischen Staat kein DBA besteht, sind sie im Inland abzugsfähig, allerdings unter der Voraussetzung, dass die Regelungen des § 2a EStG dem nicht entgegenstehen.

In den Fällen, wenn zwischen Deutschland und dem betreffenden Staat ein DBA unterhalten wird und dem zufolge die Betriebsstätteneinkünfte freigestellt werden (Art. 7 Abs. 1 i. V. m. Art. 23 A Abs. 1 OECD-MA), können die Vorbereitungskosten in Deutschland nicht geltend gemacht werden.[85] Allerdings können solche Verluste im Rahmen des negativen Progressionsvorbehalts

---

[82] Vgl. Jacobs (2002), S. 499.
[83] Vgl. Schoss (2003), S. 52.
[84] Betriebsstätten-Verwaltungsgrundsätze, Tz. 2.9.1.; zu den anderen Meinungen vgl. Haiß (2003), S. 38.
[85] Haiß (2003), S. 42; Schoss (2003), S. 53.

berücksichtigt werden, wenn sie aus „erwünschten" Tätigkeiten i. S. v. § 2a EStG stammen. Bei der Berechnung der Gewerbesteuer werden die Erträge aus den ausländischen Betriebsstätten gekürzt (§ 9 Nr. 3 GewStG), entsprechend bleiben auch die Verluste ohne Berücksichtigung.[86]

Die Gründungskosten einer **Tochtergesellschaft** sind in Deutschland beim Anteilseigner ab dem Zeitpunkt der Gründungsaktunterzeichnung nicht abzugsfähig und können i. d. R. lediglich im Gründungsstaat im Rahmen eines Verlustvortrags berücksichtigt werden.

Es ist ersichtlich, dass die ausländische Betriebsstätte dann besonders attraktiv für einen deutschen Investor erscheint, wenn mit dem ausländischen Staat kein DBA mit Freistellung der Betriebsstätteneinkünfte besteht; im solchen Fall ist es möglich die Gründungskosten in Deutschland sofort zu berücksichtigen.

- **Überführung und Nutzungsüberlassung von Wirtschaftsgütern zwischen inländischem Stammhaus und ausländischer Betriebsstätte**

Betriebsstätte

Das am 13.12.2006 verabschiedete Gesetz über steuerliche Begleitmaßnahmen zur Einführung der Europäischen Gesellschaft und zur Änderung weiterer steuerrechtlicher Vorschriften (SEStEG) hatte große Auswirkungen hinsichtlich der steuerlichen Behandlung von Wirtschaftsgütern, die aus dem inländischen Stammhaus in eine ausländische **Betriebsstätte** überführt bzw. ihr vorübergehend überlassen werden.[87]

Nach der **alten Rechtslage** (vor der Gesetzesverabschiedung) wurden bei der Überführung von Wirtschaftsgütern in eine ausländische Betriebsstätte stille Reserven nicht besteuert, wenn mit dem ausländischen Staat kein DBA bestand oder nach einem bestehenden DBA eine Anrechnungsmethode vorgesehen war.[88] Sofern mit dem Staat, in dem die Betriebsstätte unterhalten wurde, ein DBA mit Freistellung der Betriebsstättengewinne abgeschlossen worden war, musste der Steuerpflichtige allerdings bei der Überführung aus dem inländischen Stammhaus

---

[86] Ebd.
[87] Vgl. Förster (2007), S. 72; Rödder / Schumacher (2007), S. 369.
[88] Vgl. Kaminski (2001), S. 129.

die Wirtschaftsgüter mit dem Fremdvergleichspreis ansetzen. Der Unterschiedsbetrag zwischen dem Fremdvergleichspreis und dem Buchwert (sog. stille Reserven) wurde der inländischen Besteuerung unterworfen. Der Steuerpflichtige hatte jedoch die Möglichkeit, auf Antrag eine Steuerstundung zu erlangen und die Steuerlast in zehn Jahresraten zu begleichen.[89]

Nach der **neuen Rechtslage** wird die Überführung oder die Nutzungsüberlassung der Wirtschaftsgüter im Einkommensteuergesetz als Entnahme für betriebsfremde Zwecke behandelt, wenn sie zum Ausschluss oder Beschränkung des Besteuerungsrechts Deutschlands hinsichtlich des Gewinns aus der späteren Veräußerung oder der Nutzung eines Wirtschaftsguts führt (§ 4 Abs. 1 S. 3 EStG). Im Körperschaftsteuergesetz wurde eine ähnliche Regelung im § 12 Abs. 1 KStG eingebaut.

Ein **Ausschluss** des deutschen Besteuerungsrechts hinsichtlich des Gewinns aus der Veräußerung eines Wirtschaftsguts liegt u. a. vor, wenn es in eine ausländische Betriebsstätte des Steuerpflichtigen überführt wird, die sich in einem Staat befindet, mit dem ein DBA besteht, wonach die Betriebsstättengewinne freigestellt sind. Dieser Tatbestand entspricht im Wesentlichen der früher praktizierten Methode, die durch die Rechtsprechung des BFH geprägt wurde.[90]

Eine deutliche Veränderung gegenüber der alten Rechtslage besteht dagegen darin, dass auch eine **Beschränkung** des deutschen Besteuerungsrechts hinsichtlich des Gewinns aus der Veräußerung eines Wirtschaftsguts eine sofortige Besteuerung in Deutschland auslöst. Somit wird der Entstrickungstatbestand auch dann realisiert, wenn das Wirtschaftsgut in eine ausländische Betriebsstätte überführt wird, die sich in einem Staat befindet, mit dem entweder kein DBA unterhalten wird oder das bestehende DBA eine Anrechnung der ausländischen Steuer auf die deutsche im Falle einer späteren Veräußerung des Wirtschaftsguts vorsieht.[91]

---

[89] Betriebsstätten-Verwaltungsgrundsätze, Tz. 2.6.1.; Fischer / Kleineidam / Warneke (2005), S. 338 f.; Schmidt / Sigloch / Henselmann (2005), S. 474 ff.; Schoss (2003), S. 51.f.
[90] Vgl. Förster (2007), S. 72; Kessler / Winterhalter / Huck (2007), S. 133.
[91] Vgl. Förster (2007), S. 73.

Eine weitere Neuheit besteht darin, dass eine Entstrickung in den Fällen vorliegt, wenn das deutsche Besteuerungsrecht im Bezug auf die **Nutzung** eines Wirtschaftsguts ausgeschlossen oder beschränkt wird. Demnach soll der Entstrickungsgewinn auch dann der deutschen Besteuerung unterliegen, wenn das Wirtschaftsgut einer ausländischen Betriebsstätte des Unternehmens lediglich zur Nutzung überlassen wird und somit keine Überführung stattfindet.[92]

Die Entnahme bzw. Überlassung wird mit dem gemeinen Wert angesetzt (§ 6 Abs. 1 Nr. 4 S. 1 2. HS EStG), der dem Einzelveräußerungspreis des Wirtschaftsguts bzw. der marktüblichen Überlassungsvergütung entspricht (§ 9 Abs. 2 BewG). Der Unterschiedsbetrag zwischen dem Gemeinwert und dem Buchwert erhöht den inländischen steuerpflichtigen Gewinn.[93]

Gleichzeitig wird einem in Deutschland unbeschränkt Steuerpflichtigen eine Möglichkeit gewährt auf Antrag eine Steuerstundung zu erlangen, sofern es sich um ein Wirtschaftsgut des Anlagevermögens handelt. Die technische Realisation besteht darin, dass ein Ausgleichsposten in Höhe der Differenz zwischen dem Gemeinwert und dem Buchwert in der Bilanz des Steuerpflichtigen gebildet wird (§ 4g Abs. 1 S. 1 EStG). Dieser Posten wird im Jahr seiner Bildung sowie in den nächsten vier Wirtschaftsjahren gleichmäßig gewinnerhöhend aufgelöst (§ 4g Abs. 2 S. 1 EStG).[94]

Der Ausgleichsposten i. S. d. § 4g EStG darf nur dann gebildet werden, wenn das Wirtschaftsgut einer Betriebsstätte zugeordnet wird, die sich in einem anderen Mitgliedstaat der Europäischen Union befindet (§ 4g Abs. 1 S. 1 EStG). Das Antragsrecht ist in einem Wirtschaftsjahr nur einheitlich für alle Wirtschaftsgüter auszuüben (§ 4g Abs. 1 S. 3 EStG)

Die Möglichkeit eine Steuerstundung i. S. d. § 4g EStG auf Antrag zu erhalten ist auch für eine in Deutschland unbeschränkt steuerpflichtige Kapitalgesellschaft gewährleistet, obwohl dies aus dem Wortlaut der Normen nicht ersichtlich ist.[95]

---

[92] Ebd., S. 74.
[93] Ebd.
[94] Vgl. Rödder / Schumacher (2007), S. 372.
[95] Vgl. Kessler / Winterhalter / Huck (2007), S. 133.

Es ist grundsätzlich zu empfehlen, einen Antrag i. S. d. § 4g EStG auf Ratenzahlung bei einer dazu vorhandenen Möglichkeit zu stellen, um eine spätere Steuerzahlung zu bewirken und somit einen günstigen Zinseffekt zu erreichen.

Tochtergesellschaft

Bei der Überführung von Wirtschaftsgütern in die ausländische **Tochtergesellschaft** werden sie mit den Fremdvergleichspreisen angesetzt (§ 1 AstG).[96] Eine sofortige Gewinnrealisierung mit anschließender Versteuerung darin enthaltener stiller Reserven ist bei dem Anteilseigner in Deutschland geboten.[97]

Es ist festzustellen, dass die Gewinne, die aus Realisation der stillen Reserven entstehen, in den meisten Fällen sowohl bei einer ausländischen Betriebsstätte als auch bei einer Tochtergesellschaft gleich behandelt werden. Lediglich innerhalb der EU-Zone gewinnt die Betriebsstätte gewisse Vorteile, die durch eine Steuerstundung realisierbar sind.

2.3 Laufende Besteuerung

2.3.1 Betriebsstätte

Besteuerung im Quellenstaat

Eine Betriebsstätte stellt nach den steuerrechtlichen Normen ausländischer Staaten i. d. R. kein eigenständiges Steuersubjekt dar. Soweit nach den nationalen Vorschriften des Zielstaates die Kriterien für das Vorliegen einer Betriebsstätte erfüllt sind, wird das deutsche Stammhaus im jeweiligen Staat mit dem der Betriebsstätte zuzuordnenden Gewinn und u. U. Vermögen beschränkt steuerpflichtig.

Die Art sowie die Höhe der Besteuerung ausländischer Gewinne im Quellenstaat erfolgt nach seinen nationalen steuerrechtlichen Vorschriften und hängt grundsätzlich davon ab, in welcher Rechtsform das Stammhaus in Deutschland geführt wird. Demnach unterliegen die Betriebsstättengewinne eines deutschen **Einzelunternehmers** im Quellenstaat einer Einkommensteuer (s_e^a). Sofern es sich

---

[96] Vgl. Schmidt / Sigloch / Henselmann (2005), S. 371 f.
[97] Vgl. Schoss (2003), S. 51.

bei der Spitzeneinheit um eine deutsche **Kapitalgesellschaft** handelt, werden sie einer Ertragsteuer (s_k^a), die oft der deutschen Körperschaftsteuer ähnlich ist, unterworfen.[98]

Das z. v. E. wird dabei gewöhnlich im Rahmen des Veranlagungsverfahren ermittelt, wobei i. d. R. keine Besteuerung auf Bruttobasis erfolgt, sondern die mit den Betriebseinnahmen im Zusammenhang stehenden Betriebsausgaben von der Bemessungsgrundlage abgezogen werden dürfen. Auch die Verluste der beschränkt Steuerpflichtigen dürfen meistens im Quellenstaat berücksichtigt werden; dabei gelten für sie oft die gleichen Vorschriften, wie für die dort unbeschränkt steuerpflichtigen Personen.[99]

Sofern mit dem Quellenstaat ein DBA besteht, dürfen die in der Betriebsstätte erwirtschafteten Gewinne in dem Staat besteuert werden (Art. 7 Abs. 1 OECD-MA). Ihre Ermittlung erfolgt gewöhnlich nach dem Prinzip der wirtschaftlichen Zugehörigkeit, dabei entstehen oft Probleme hinsichtlich der Erfolgs- und Vermögensabgrenzung.[100]

Besteuerung in Deutschland

Die in einer ausländischen Betriebsstätte erzielten Einkünfte aus Gewerbebetrieb unterliegen bei einem deutschen **Einzelunternehmer** der Einkommensteuer (s_e) zuzüglich des Solidaritätszuschlags (s_{ea}) von 5,5 v. H (§ 1 Abs. 1 S. 1 EStG i. V. m. § 1 Abs. 1 u. § 2 Nr. 1, 2 SolZG). Die ausländischen Betriebsstätteneinkünfte einer deutschen **Kapitalgesellschaft** werden gem. § 1 Abs. 1, § 7 Abs. 1, 2, § 8 Abs. 1 KStG und § 1 Abs. 1, § 2 Nr. 3, § 3 Abs. 1 Nr. 1 SolZG grundsätzlich mit der Körperschaftsteuer (s_{kst}) von 15 v. H. (§ 23 Abs. 1 KStG-E) und Solidaritätszuschlag belastet. Sowohl beim Einzelunternehmen als auch bei der Muttergesellschaft wird der Unternehmensgewinn bei der Ermittlung der Gewerbesteuer um den Teil des Gewerbeertrags gekürzt, der auf eine ausländische Betriebsstätte entfällt (§ 9 Nr. 3 GewStG). Entsprechend bleiben

---

[98] Vgl. Jacobs (2002), S. 482 f.; Schoss (2003), S. 56.
[99] Vgl. Jacobs (2002), S. 483 f.
[100] Vgl. Jacobs (2002), S. 485 f. sowie ausführlich zu den Gewinnermittlungsmethoden von Betriebsstätten Frotscher (2005), Rz. 280 ff.; Schmidt / Sigloch / Henselmann (2005), S. 433 ff.

auch ausländische Betriebsstättenverluste bei der Ermittlung der Bemessungsgrundlage für die deutsche Gewerbesteuer ohne Berücksichtigung.[101]

Wenn die Betriebsstätteneinkünfte sowohl im Quellenstaat als auch in Deutschland besteuert werden, kommt es zu einer Doppelbesteuerung. Sofern Deutschland mit dem ausländischen Staat kein DBA unterhält, wird sie durch die o. g. unilateralen Maßnahmen wie Steueranrechnung, Abzug und Pauschalierung vermieden bzw. gemildert.[102]

Bei einem nach dem OECD-Muster bestehenden DBA werden die Betriebsstättengewinne von der deutschen Besteuerung grundsätzlich freigestellt (Art. 23 A Abs. 1 OECD-MA). Gleichzeitig können sie im Rahmen des Progressionsvorbehalts bei der Festsetzung des Steuersatzes für das z. v. E. berücksichtigt werden (Art. 23 A Abs. 3 OECD-MA). Allerdings enthalten manche DBA eine Klausel, wonach lediglich Einkünfte der „aktiven Betriebsstätten"[103] freigestellt werden.[104] In solchen Fällen kommt subsidiär eine Anrechnungsmethode zur Anwendung.[105]

Abhängig von der anzuwendenden Entlastungsmethode sehen die **Teilsteuersätze auf Gewinne ausländischer Betriebsstätten** entsprechend aus:

Spitzeneinheit	Einzelunternehmen	Kapitalgesellschaft
Anrechnung	$s = \max(s_e^a ; s_e) + {} $ $+ s_{ea} \times \max(s_e - s_e^a ; 0)$	$s = \max(s_k^a ; s_{kst}) + s_{ea} \times \max(s_{kst} - s_k^a ; 0)$
Abzug	$s = s_e^a + s_{eea} \times (1 - s_e^a)$	$s = s_k^a + s_{kea} \times (1 - s_k^a)$
Freistellung	$s = s_e^a + s^{\Delta e}$	$s = s_k^a$

[101] Güroff (2006), § 9 Nr. 3 GewStG, Rn. 3; Jacobs (2002), S. 491.
[102] Vgl. hierzu Abschnitt 1.3.
[103] Vgl. Jacobs (2002), S. 492.
[104] Vgl. z. B. Art. 24 Abs. 2 Buchst. c) DBA-Rus.
[105] Vgl. Jacobs (2002), S. 492.

Abb. 1: Die Teilsteuersätze auf ausländische Gewinne, abhängig von der Rechtsform der Spitzeneinheit und angewandten Entlastungsmaßnahmen

Anmerkungen

Der durchschnittliche Differenzsteuersatz ($s^{\Delta e}$) ergibt sich als Unterschied zwischen einem Durchschnittssteuersatz auf das z. v. E. und dem einschließlich steuerfreier ausländischer Einkünfte.

Der Solidaritätszuschlag wird nur auf die nach der Anrechnung verbleibende Einkommensteuer (Körperschaftsteuer) erhoben (§ 5 SolZG).

Exkurs

Sofern ein Wahlrecht zwischen der Anwendung der Anrechnungs- und Abzugsmethode besteht, hat der Investor festzustellen, welche Methode die geringere Steuerbelastung der Betriebsstätteneinkünfte bewirkt. Im Folgenden wird der Steuerbelastungsvergleich durchgeführt mit dem Zweck, allgemeine Tendenzaussagen zu formulieren.

Steuerbelastung bei Anrechnung < Steuerbelastung bei Abzug

Spitzeneinheit Einzelunternehmen

(1) $s_e^a > s_e$

$$s_e^a < s_e^a + s_{eea} \times (1 - s_e^a)$$

$$0 < s_{eea} \times (1 - s_e^a)$$

(2) $s_e^a < s_e$

$$s_e + s_{ea} \times (s_e - s_e^a) < s_e^a + s_{eea} \times (1 - s_e^a)$$

$$1,055 \times s_e - 0,055 \times s_e^a < s_e^a + 1,055 \times s_e - 1,055 \times s_e \times s_e^a$$

$$-0,055 \times s_e^a < s_e^a - 1,055 \times s_e \times s_e^a$$

$$0 < 1 - s_e$$

Spitzeneinheit Kapitalgesellschaft

(3) $s_k^a > s_{kst}$

$$s_k^a < s_k^a + s_{kea} \times (1 - s_k^a)$$

$$0 < s_{kea} \times (1 - s_k^a)$$

(4) $s_k^a < s_{kst}$

$$s_{kst} + s_{ea} \times (s_{kst} - s_k^a) < s_k^a + s_{kea} \times (1 - s_k^a)$$

$$0,15 + 0,055 \times (0,15 - s_k^a) < s_k^a + 0,15 \times (1 + 0,055) \times (1 - s_k^a)$$

$$-0,9 \times s_k^a < 0$$

Ergebnisinterpretation

Sowohl bei einer Kapitalgesellschaft als auch beim Einzelunternehmer wurde festgestellt, dass unter den zuvor getroffenen Annahmen[106] (u. a. wenn Gewinne erwirtschaftet werden und die Steuersätze zwischen 0 und 100 % liegen) die Anrechnung gegenüber dem Abzug immer vorteilhafter ist, unabhängig vom Vorhandensein eines Anrechnungsüberhangs.[107]

2.3.2 Tochtergesellschaft

Besteuerung im Domizilstaat

Sofern die Kapitalgesellschaft im ausländischen Staat nach seinen steuerrechtlichen Vorschriften unbeschränkt steuerpflichtig ist, unterliegt ihr gesamtes Welteinkommen der Besteuerung des Domizilstaats.[108]

Die Einkünfte der Gesellschaft werden grundsätzlich mit dem ausländischen Körperschaftsteuersatz (s_k^a) besteuert. Die Ermittlung des z. v. E. erfolgt nach den nationalen Normen des ausländischen Staats.

Sobald die Tochtergesellschaft Dividenden an ihre deutschen Anteilseigner auszahlt, werden sie i. d. R. im Rahmen der beschränkten Steuerpflicht der Gesellschafter mit einer ausländischen **Quellensteuer** (s_q^a) belegt. Ihre Höhe hängt von der Rechtsform des Dividendenempfängers ab, kann von Staat zu Staat variieren und 15 bis 35 v. H. der Bruttoausschüttung betragen.[109] Soweit allerdings der entsprechende Staat ein DBA mit Deutschland unterhält, wird grundsätzlich die Höhe der Quellensteuer begrenzt. So beträgt sie z. B. in den DBA nach dem OECD-Muster 15 % bzw. 5 %, abhängig von der prozentualen Beteiligungshöhe des Anteilseigners (Art. 10 Abs. 2 OECD-MA). Die Quellensteuerbegrenzung erfolgt entweder direkt bei der Erhebung oder durch die spätere Erstattung der zu viel gezahlten Beträge.[110] Eine Quellenbesteuerung hat

---

[106] Vgl. Einführung.
[107] Ausführlich vgl. Scheffler (2003), S. 105 ff.
[108] Zu den Anknüpfungspunkten der unbeschränkten Besteuerung vgl. Jacobs (2002), S. 525 f.
[109] Vgl. Jacobs (2002), S. 526.
[110] Vgl. Schoss (2003), S. 61.

grundsätzlich einen Abgeltungscharakter, d. h. es findet keine Steuerveranlagung des beschränkt Steuerpflichtigen statt.[111]

Die ausländische Steuerbelastung setzt sich somit aus der Besteuerung der Tochtergesellschaftsgewinne und der Quellensteuer auf Dividenden zusammen:

$$ASt^a = G \times (s_k^a + (1 - s_k^a) \times s_q^a)$$

Ein Ausnahmefall besteht, wenn sowohl die Anteilseignerin als auch ihre Tochtergesellschaft in den EU-Staaten ansässigen Kapitalgesellschaften sind. Dann wird die Quellensteuer aufgrund von nationalen Bestimmungen, die auf der sog. Mutter-Tochterrichtlinie basieren, grundsätzlich nicht erhoben, sofern bestimmte Voraussetzungen vorliegen.[112]

Besteuerung in Deutschland

Zu den steuerpflichtigen ausländischen Einkünften eines in Deutschland unbeschränkt steuerpflichtigen **Einzelunternehmers** zählen die Dividenden, die künftig zu 60 % nach dem Teileinkünfteverfahren versteuert werden (§ 3 Nr. 40 Buchst. d) EStG-E).[113]

Bei einer inländischen **Kapitalgesellschaft** bleiben die von der ausländischen Tochtergesellschaft erhaltenen Dividenden bei der Ermittlung des Einkommens gem. § 8b Abs. 1 KStG unberücksichtigt. Allerdings, obwohl sie formal steuerfrei sind, gelten 5 v. H. als nichtabzugsfähige Betriebsausgaben und unterliegen einer inländischen Besteuerung (§ 8b Abs. 5 S. 1 KStG). Nach § 8b Abs. 5 S. 2 KStG dürfen die im Zusammenhang mit den erzielten Dividenden stehenden Ausgaben, bei der Ermittlung des Einkommens in voller Höhe berücksichtigt werden.

Bei der Bestimmung des für die Besteuerung maßgeblichen Vereinnahmungszeitpunkts der Dividenden wird auf den Tag des

---

[111] Vgl. Jacobs (2002), S. 526.
[112] Ebd., S. 529.
[113] Die dazugehörigen Betriebsausgaben dürfen ebenfalls zu 60 % abgezogen werden (§ 3c Abs. 2 S. 1 EStG-E).

Gewinnverwendungsbeschlusses der ausländischen Tochtergesellschaft abgestellt.[114]

Unter Beachtung der o. g. Voraussetzungen kann der **Einzelunternehmer** die ausländische Quellensteuer auf die deutsche Einkommensteuer anrechnen oder bei der Ermittlung der Bemessungsgrundlage abziehen.[115] Bei der **Muttergesellschaft** darf die ausländische Quellensteuer auf die inländische Steuer, die auf die 5 v. H. der ausländischen Dividenden erhoben wird, nicht angerechnet werden, weil die Dividenden formal steuerfrei sind.

Die **Gewerbesteuer** wird sowohl bei dem Einzelunternehmer als auch bei der Kapitalgesellschaft als Dividendenempfängerin auf die Gewinnausschüttungen nicht erhoben, wenn der Anteilseigner an dem Nennkapital der Tochtergesellschaft seit Beginn des Erhebungszeitraums ununterbrochen mindestens zu 10 % beteiligt war und die Tochtergesellschaft ihre Bruttoerträge ausschließlich oder fast ausschließlich aus „aktiven" Tätigkeiten i. S. v. § 8 Abs. 1 Nr. 6 bis 6 AStG erwirtschaftete (§ 9 Nr. 7 GewStG).[116]

Die **Teilsteuersätze** auf Gewinne der ausländischen **Tochtergesellschaft** sehen beim **Einzelunternehmen** als Spitzeneinheit folgendermaßen aus:

➢ Bei Anrechnung, wenn **kein Anrechnungsüberhang** vorhanden ist:

$$(s_q^a < 0,6 \times s_e):$$

$$\text{ASt} = G \times (s_k^a + 0,6 \times s_e \times (1 - s_k^a) + s_{ea} \times (0,6 \times s_e - s_q^a) \times (1 - s_k^a))$$

➢ Bei Anrechnung, wenn **Anrechnungsüberhang** vorhanden ist ($s_q^a > 0,6 \times s_e$):

$$\text{ASt} = G \times (s_k^a + (1 - s_k^a) \times s_q^a)$$

---

[114] Weber-Grellert (2006), § 5 EStG, Rz. 270.
[115] Vgl. Abschnitt 1.3.
[116] Vgl. Grotherr (2003), S. 200 f.; Schmidt / Sigloch / Henselmann (2005), S. 246 ff.; 5 v. H. der Dividenden werden bei einer Kapitalgesellschaft als Empfängerin allerdings mit Gewerbesteuer belegt.

> Bei Anwendung der Abzugsmethode:

$$ASt = G \times (s_k^a + (1 - s_k^a) \times s_q^a + 0,6 \times s_{eea} \times (1 - s_k^a - (1 - s_k^a) \times s_q^a)) =$$
$$= G \times ((s_k^a + (1 - s_k^a) \times (s_q^a + 0,6 \times s_{eea} \times (1 - s_q^a))))$$

Die Gesamtsteuerbelastung der ausgeschütteten Gewinne einer ausländischen Tochtergesellschaft bei der **Kapitalgesellschaft** als Spitzeneinheit beträgt:

$$ASt = G \times (s_k^a + (1 - s_k^a) \times s_q^a + 0,05 \times (1 - s_k^a) \times s_{keag})$$

2.3.3 Steuerbelastungsvergleich

- **Einzelunternehmen als Spitzeneinheit**

Sofern zwischen dem ausländischen Staat und Deutschland **kein DBA besteht**, das eine Freistellung der Betriebsstätteneinkünfte vorsieht, wird eine Tochtergesellschaft mit Steuern weniger als eine Betriebsstätte belastet, wenn:[117]

(I)

$$s_k^a < \frac{0,177 + 0,055 \times (s_q^a - s_e^a)}{0,734 + 0,055 \times s_q^a}$$

Unter Annahme, dass $s_e > s_e^a$ und $0,6 \times s_e > s_q^a$

(II)

$$s_k^a < \frac{s_e^a + 0,055 \times s_q^a - 0,266}{0,734 + 0,055 \times s_q^a}$$

Unter Annahme, dass $s_e < s_e^a$ und $0,6 \times s_e > s_q^a$

---

[117] Es wird angenommen, dass die ausländische Steuer auf Betriebsstättengewinne auf die deutsche angerechnet wird; Herleitung der kritischen Steuersätze wird im Anhang dargestellt.

(III)

$$s_k^a < \frac{0,4431 - 0,055 \times s_e^a - s_q^a}{1 - s_q^a}$$

Unter Annahme, dass $s_e > s_e^a$ und $0,6 \times s_e < s_q^a$

(IV)

$$s_k^a < \frac{s_e^a - s_q^a}{1 - s_q^a}$$

Unter Annahme, dass $s_e < s_e^a$ und $0,6 \times s_e < s_q^a$

Wenn zwischen den beiden Staaten **ein DBA besteht**, wonach **die Betriebsstätteneinkünfte freigestellt werden**, sehen die kritischen Steuersätze folgendermaßen aus:

(V)

$$s_k^a < \frac{s_e^a + 0,055 \times s_q^a - 0,266}{0,055 \times s_q^a + 0,734}$$

Unter Annahme, dass $0,6 \times s_e > s_q^a$

(VI)

$$s_k^a < \frac{s_e^a - s_q^a}{1 - s_q^a}$$

Unter Annahme, dass $0,6 \times s_e < s_q^a$

- **Kapitalgesellschaft als Spitzeneinheit**

Die Steuerbelastung einer Betriebsstätte bei einem **DBA mit Freistellung** ist immer geringer als bei einer Tochtergesellschaft; das gleiche gilt, sofern die ausländischen Steuern auf Betriebsstätteneinkünfte auf die deutsche Körperschaftsteuer angerechnet werden und $s_k^a > s_{kst}$.[118]

Unter Anwendung der Anrechnungsmethode ist die Tochtergesellschaft vorteilhaft, wenn $s_k^a < s_{kst}$ und $s_k^a < \dfrac{0,14325 - s_q^a}{1,04 - s_q^a}$ **(VIII)**

---

[118] Vgl. VII im Anhang.

3 Gründung einer Betriebsstätte bzw. Tochtergesellschaft in Russland

3.1 Grundsätze des russischen Steuerrechts und des DBA-Rus

3.1.1 Vorschriften über beschränkte und unbeschränkte Steuerpflicht

Nach dem russischen Steuerrecht ist eine **natürliche Person** unbeschränkt steuerpflichtig, wenn sie sich innerhalb von zwölf aufeinander folgenden Monaten[119] mindestens 183 Tage im Inland aufhält, wobei die kurzfristigen Aufenthalte (die weniger als 6 Monate betragen) im Ausland für Zwecke der Erholung oder Ausbildung nicht berücksichtigt werden (Art. 207 Nr. 1, 2 StK-Rus). Ein Wohnsitz ist bei der Bestimmung einer unbeschränkten Steuerpflicht im Gegensatz zu den deutschen Normen irrelevant. Bei den beschränkt steuerpflichtigen Personen unterliegt nur ihr in Russland erwirschaftetes Einkommen der russischen Besteuerung (Art. 209 Nr. 2 StK-Rus). Die inländischen Einkünfte werden in Art. 208 Abs. 1 StK-Rus abschließend aufgezählt.

Der russische Steuerkodex unterscheidet zwischen den russischen (nach dem inländischen Recht gegründeten) und ausländischen (in anderen Staaten gegründeten) **juristischen Personen bzw. Gesellschaften** (Art. 11 StK-Rus). Die russischen Gesellschaften sind im Inland unbeschränkt und die ausländischen – beschränkt steuerpflichtig (Art. 247, 309 StK-Rus).

3.1.2 Ertragsbesteuerung natürlicher und juristischer Personen

Für die in Russland **unbeschränkt steuerpflichtigen natürlichen Personen** gelten folgende Steuersätze (Art. 224 Abs. 1, 2 u. 4 StK-Rus):

- grundsätzlich 13 v. H.

- für Einkünfte aus Dividenden 9 v. H.

- für Zinseinkünfte auf Bankguthaben in Rubeln 35 v. H. auf den Unterschiedsbetrag zwischen dem Zinssatz auf das Guthaben und dem

---

[119] Zu beachten ist, dass es sich nicht um ein Kalenderjahr handeln muss.

Leitzinssatz der Zentralbank Russlands[120] und für Zinseinkünfte in ausländischen Währungen – für den 9 v. H. übersteigenden Betrag.

Beispielberechnung:

Zinssatz auf Guthaben i. H. v. 100.000,00 Rub. beträgt z. B. 12 v. H. Die Steuerbelastung der Zinseinkünfte $S = 100.000,00 \times (0,12 - 0,105) \times 0,35 = 525,00$

Sofern eine **natürliche Person** in Russland **beschränkt steuerpflichtig** ist, werden ihre Einkünfte einheitlich mit einem Einkommensteuersatz von 30 v. H. versteuert (Art. 224 Abs. 3 StK-Rus). Sowohl für beschränkt als auch für unbeschränkt steuerpflichtige natürliche Personen ist ein Verlustvortrag ausdrücklich ausgeschlossen (Art. 227 Abs. 4 StK-Rus).

Die **gewerbetreibenden natürlichen Personen** haben zusätzlich zur Einkommensteuer eine sog. **Sozialsteuer** zu entrichten, deren Bemessungsgrundlage der Gewinn bildet (Art. 235 Abs. 1 Nr. 2 i. V. m. Art. 236 Abs. 2 StK-Rus).

Bemessungsgrundlage (Einnahmen abzüglich Ausgaben) (in Euro, Wechselkurs 1 Euro / 34,70 Rubel)[121]	Zu zahlende Steuer
Bis 8064,00	10 %
8065,00-17280,00	806,00 + 3,6 % des 8065,00 übersteigenden Betrags
Ab 17281,00	1138,00 + 2 % des 17281,00 übersteigenden Betrags

Abb. 2: Berechnung der Sozialsteuer gem. Art. 241 EStG-Rus

Gewinne **russischer Gesellschaften** werden grundsätzlich mit dem Körperschaftsteuersatz (s_k^r) von 24 v. H. versteuert; die von den anderen

---

[120] Aktuell 10.5 v.H: http://www.cbr.ru/print.asp?file=/statistics/credit_statistics/refinancing_rates.htm
Stand: 10.04.2007.
[121] http://www.oanda.com/convert/classic Stand: 09.04.07.

inländischen Kapitalgesellschaften erhaltenen Dividenden unterliegen einem ermäßigten Steuersatz 9 v. H. (Art. 284 Abs. 1 u. Abs. 3 S. 1 StK-Rus).

Die Behandlung der Einkünfte **ausländischer Gesellschaften** hängt davon ab, ob sie in einer auf dem russischen Gebiet sich befindenden „ständigen Vertretung" erzielt werden oder aus anderen inländischen Quellen stammen.

Der Begriff **„ständige Vertretung"** wird im Art. 306 Abs. 2 StK-Rus definiert und entspricht dem deutschen Begriff „Betriebsstätte".[122] Unter diesem Begriff werden sowohl Vertretungen als auch Filialen subsumiert, sofern das ausländische Unternehmen durch sie eine unternehmerische Tätigkeit ausübt, außer Tätigkeiten, die im Art. 306 Abs. 4 StK-Rus aufgelistet sind, wie z. B. Wareneinkauf, Warenlagerung, Marketing- und Werbemaßnahmen. Es wird zusätzlich faktisch zwischen einer Repräsentanz und einer Betriebsstätte unterschieden, wobei eine Repräsentanz keine Vollmacht besitzt selbständig, d. h. ohne Mitwirkung und Anweisungen des Stammhauses, Verträge abzuschließen (Art. 306 Abs. 4 Nr. 5 StK-Rus).[123] Es ist ersichtlich, dass die Regelungen aus dem Art. 5 OECD-MA in den russischen StK übernommen worden sind.[124]

Die **Betriebsstätteneinkünfte** werden im Rahmen einer Veranlagung ermittelt (Art. 307 Abs. 8 i. V. m. Art. 289 StK-Rus), mit der Folge, dass für die ausländische Gesellschaft die gleichen Gewinnermittlungsvorschriften und Steuersätze gelten wie für eine russische. Sofern eine ausländische Gesellschaft keine Betriebsstätte in Russland unterhält oder die Einkünfte aus anderen inländischen Quellen stammen, werden sie, abgesehen von einigen Ausnahmen, mit einer Quellensteuer von 20 v. H. und die Dividenden von den russischen Gesellschaften mit 15 v. H. belegt (Art. 284 Abs. 1, 2 S. 1 StK-Rus). Die Quellensteuer wird grundsätzlich auf Bruttoeinnahmen erhoben; lediglich bei Veräußerungen von Grundstücken und Anteilen an russischen Gesellschaften, deren Aktiva zu mehr als der Hälfte aus dem unbeweglichen Vermögen besteht, können die Betriebsausgaben geltend gemacht werden (Art. 309 StK-Rus).

---

[122] Vgl. Art. 5 Abs. 1 DBA-Rus.
[123] Vgl. Schmidt / Sigloch / Henselmann (2005), S. 516 f; Art. 5 OECD-MA.
[124] Vgl. Oeltze / Heischkel (2003), S. 699.

Sowohl russische als auch ausländische Gesellschaften dürfen ihre Verluste hinsichtlich der Höhe uneingeschränkt[125] vortragen (Art. 283 Abs. 1 StK-Rus), allerdings ist die Möglichkeit, den Verlustvortrag geltend zu machen, auf zehn Jahre begrenzt (Art. 283 Abs. 2 StK-Rus). Ein Verlustrücktrag ist nach dem StK-Rus weder für natürliche noch für juristische Personen vorgesehen.

3.1.3 Relevante Aspekte des DBA-Rus

- **Persönlicher Geltungsbereich**

Das DBA gilt sowohl für natürliche Personen als auch für Gesellschaften (juristische Personen und andere Gebilde, welche wie Körperschaften besteuert werden), die entweder in einem oder in beiden Vertragsstaaten ansässig sind (Art. 1, 3 DBA-Rus). Die Ansässigkeitsbestimmungen sind im Art. 4 DBA-Rus definiert.

- **Unter das Abkommen fallende Steuern**

Das Abkommen gilt für russische Einkommen-, Körperschaft- und Vermögensteuer, sowie für deutsche Einkommen-, Körperschaft-, Gewerbe-, Vermögensteuer und Solidaritätszuschlag. Zu beachten ist allerdings, dass wegen der Abschaffung der deutschen Vermögensteuer auch die Vorschrift über die russische Vermögensteuer ins Leere geht.[126]

Die **Betriebsstätte** wird im DBA-Rus ähnlich wie im OECD-MA und im russischen Steuerkodex definiert. Sofern ein deutsches Unternehmen in Russland Gewinne erzielt, die einer dort gelegenen Betriebsstätte zugerechnet werden, können sie in Russland besteuert werden (Art. 7 Abs. 1 DBA-Rus). Die dabei anfallenden Aufwendungen können, unabhängig davon in welchem Staat sie entstanden sind, bei der Ermittlung der Gewinne einer Betriebsstätte abgezogen werden (Art. 7 Abs. 3 DBA-Rus).

Die **Dividenden** können im Quellenstaat besteuert werden, soweit sie von einer dort ansässigen Gesellschaft an eine im anderen Staat ansässige Person gezahlt werden.

---

[125] Eine uneingeschränkte Vortragsmöglichkeit wurde erst im VZ 2007 eingeführt.
[126] Vgl. DBA-Rus Kommentar IV, 4.1., abrufbar unter http://www.russisches-recht.de/Steuer/dba1.htm Stand 20.04.2007.

Dabei darf die Quellensteuer nicht überschreiten:

5 v. H. des Bruttobetrags der Dividenden, wenn eine **Gesellschaft** Dividendenempfängerin ist, die unmittelbar über mindestens 10 v. H. des Grund- oder Stammkapitals der die Dividenden zahlenden Gesellschaft verfügt und der Kapitalanteil mindestens ca. 80000 Euro oder den entsprechenden Wert in Rubeln beträgt;

15 v. H. in allen anderen Fällen (Art. 10 Abs. 1 DBA-Rus).

Diese Bestimmungen gelten allerdings nicht, wenn die Dividenden aus einer Beteiligung stammen, die einer inländischen Betriebsstätte eines ausländischen gewerblichen Unternehmens gehört; in einem solchen Fall werden Dividenden dem Betriebsstättengewinn zugerechnet und im Rahmen der Veranlagung besteuert (Art. 10 Abs. 3, Art. 7 StK-Rus).

Die Zinseinkünfte, die eine in Deutschland (Russland) ansässige Person aus dem anderen Vertragsstaat bezieht, können nur im Ansässigkeitsstaat besteuert werden, es sei denn, sie stammen aus den Forderungen, die zum Betriebsvermögen einer Betriebsstätte des Steuerpflichtigen im Quellenstaat gehören (Art. 11 Abs. 1, 3 DBA-Rus).

Einkünfte aus Veräußerung des zu einer Betriebsstätte gehörenden beweglichen Vermögens können im Quellenstaat besteuert werden (Art. 13 Abs. 2 DBA-Rus).[127]

Die Doppelbesteuerung der in Deutschland ansässigen Personen wird vermieden, indem die in Russland erzielten Einkünfte von der deutschen Besteuerung **freigestellt** werden, sofern sie nach dem russischen Recht unter Berücksichtigung des DBA besteuert werden können.

Soweit die Einkünfte in Deutschland freigestellt sind, können sie im Rahmen des Progressionsvorbehalts berücksichtigt werden. Die Freistellung der Dividenden erfolgt nur, wenn die Empfängerin an dem Kapital der Dividenden zahlenden Gesellschaft zu mindestens 10 v. H. beteiligt ist. Diese Regelung hat trotz des §

---

[127] Die Besteuerung der Einkünfte aus Veräußerung des unbeweglichen Vermögens ist im Art. 13 Abs. 1 DBA-Rus geregelt.

8b Abs. 1 KStG eine Bedeutung, weil der Dividendenbegriff im DBA (Art. 10 Abs. 2 DBA-Rus) weiter gefasst ist als im nationalen Steuerrecht.

In anderen Fällen wird die russische Steuer auf die deutsche angerechnet. Eine Anrechnungsmethode ist auch dann anzuwenden, wenn das Unternehmen Einkünfte in einer Betriebsstätte erzielt, die Aktivitätskriterien i. S. v. Art. 23 Abs. 2 Buchst. c) DBA-Rus i. V. m. § 8 Nr. 1 bis 6 AStG nicht erfüllt; das gleiche gilt für Einkünfte aus der Veräußerung des Betriebsvermögens solcher Betriebsstätten (Art. 23 Abs. 2 Buchst. b DBA-Rus).

3.2   Gründung und Besteuerung einer Betriebsstätte

- **Einzelunternehmen als Spitzeneinheit**

Eine in Deutschland ansässige natürliche Person kann sich in Russland als Einzelunternehmer anmelden, um dort ihre unternehmerische Tätigkeit auszuüben (Art. 23 ZGB-Rus).[128]

Die Betriebsstätteneinkünfte werden nach dem russischen Steuerkodex zunächst mit der Einkommen- und Sozialsteuer belastet:

$$ASt^r = G^r \times (s_e^r + s_{soz}^r)$$

Nach dem DBA-Rus ist der in Deutschland lebende Einzelunternehmer abkommensberechtigt und darf somit die dort enthaltenen Ermäßigungen für sich beanspruchen. Unter den gesetzten Annahmen entspricht die in Russland begründete Betriebsstätte der Definition des Art. 5 DBA-Rus.

Die Gewinne des Einzelunternehmens aus seiner gewerblichen Tätigkeit in Russland können somit in Russland besteuert werden, weil er seine Tätigkeit durch die dort gelegene Betriebsstätte ausübt (Art. 7 Abs. 1 DBA-Rus); Deutschland stellt diese Einkünfte gem. Art. 20 Abs. 2 Buchst. a) DBA-Rus unter Progressionsvorbehalt frei.

---

[128] Der Steuerpflichtige hat seine unternehmerische Tätigkeit bei der russischen Steuerbehörde anzumelden, dabei werden seine Büro- bzw. Betriebsstättenadresse in die Registrierungspapiere eingetragen. Auch eine inländische Wohnung darf als Büro und somit als Betriebsstätte dienen.

Die Freistellung gilt entsprechend für Gewerbesteuer und den Solidaritätszuschlag (Art. 2 Abs. 3 Buchst. b) DBA-Rus). Sofern die Betriebsstätte den in Art. 5 DBA-Rus aufgeführten Kriterien nicht entspricht, jedoch nach den deutschen Vorschriften den Tatbestand i. S. v. § 12 AO erfüllt, greift § 9 Nr. 3 GewStG, wonach die in der russischen Betriebsstätte erzielten Gewinne bei der Berechnung des Gewerbeertrags i. S. v. § 7 GewStG gekürzt werden.[129]

Die gesamte Steuerbelastung besteht somit aus der russischen Einkommensteuer, Sozialsteuer[130] und der zusätzlichen Steuerbelastung des z. v. E. aufgrund des Progressionsvorbehalts[131].

$$ASt = G^r \times (s_e^r + s_{soz}^r) + zvE \times s^{\Delta e} = G^r \times (0,3 + 0,02) + 809 + s^{\Delta e} \approx 0,32 \times G$$

- **Kapitalgesellschaft als Spitzeneinheit**

Eine ausländische Kapitalgesellschaft ist eine juristische Person i. S. v. Art. 48 ZGB-Rus und kann somit gem. Art. 55 ZGB-Rus in Russland ihre Vertretungen und Filialen eröffnen. Sowohl eine Vertretung als auch eine Filiale stellen eine gesonderte Einheit einer juristischen Person dar, die von ihrem Sitz räumlich getrennt ist. Der Unterschied zwischen ihnen besteht darin, dass die Vertretung der Wahrnehmung der Interessen einer juristischen Person dient und die Filiale ihre Funktionen ganz oder teilweise ausübt.[132] Sowohl Vertretungen als auch Filialen sind unselbständige Teile der ausländischen juristischen Personen (Art. 55 Abs. 3 ZGB-Rus u. Art. 11 StK-Rus) und werden dementsprechend gesellschaftsrechtlich und steuerrechtlich behandelt.

Die in der Betriebsstätte erzielten Einkünfte werden mit der russischen Körperschaftsteuer belastet.

Die **russische** Steuerbelastung sieht dementsprechend folgendermaßen aus:

$$ASt^r = s_k^r \times G^r$$

---

[129] Vgl. Grotherr (2003), S. 200 f.
[130] Die Sozialsteuer wird aus Vereinfachungsgründen mit 2 v. H. angesetzt.
[131] Es ist nicht möglich die aufgrund des Progressionsvorbehalts entstehende zusätzliche Steuerbelastung pauschal zu quantifizieren, beim hohen z. v. E. ist sie aber unerheblich.
[132] Vgl. Fanger (2002), S. 47.

56

Die deutsche Kapitalgesellschaft ist abkommensberechtigt. Nach dem DBA-Rus werden die in der russischen Betriebsstätte erzielten Einkünfte von der deutschen Besteuerung freigestellt (Art. 7 i. V. m. Art. 23 Abs. 2 Buchst. a) DBA-Rus), wenn die Bruttoerträge ausschließlich oder fast ausschließlich aus „aktiven" Tätigkeiten stammen (Art. 23 Abs. 2 Buchst. c) DBA-Rus).

Die **Gesamtbelastung** der in der Betriebsstätte erzielten Einkünfte entspricht unter Anwendung der Freistellungsmethode der russischen Steuerbelastung:

$$ASt_r = s_k^r \times G = 0,24 \times G$$

3.3 Gründung und Besteuerung einer Tochtergesellschaft

Sowohl für natürliche als auch für juristische Personen besteht die Möglichkeit in Russland entweder gem. Art. 7 Abs. 1 GmbHG-Rus eine GmbH (in der russischen Sprache abgekürzt OOO genannt) oder gem. Art. 10 Abs. 1 AktG-Rus eine Aktiengesellschaft (russisch – AO) zu gründen. Es ist nach dem russischen Gesellschaftsrecht zulässig sowohl eine GmbH als auch eine Aktiengesellschaft mit nur einem Gesellschafter zu gründen (Art. 7 Abs. 2 GmbHG-Rus und Art. 9 Abs. 1 AktG-Rus).

Die Unterschiede zwischen diesen zwei Rechtsformen ergeben sich besonders hinsichtlich der gesellschafts- und zivilrechtlichen Fragestellungen. Aus der steuerrechtlichen Perspektive bestehen keine großen Differenzen.[133]

- **Besteuerung von Kapitalgesellschaften und ihren ausländischen Anteilseignern in Russland unter Berücksichtigung von DBA-Rus**

Die von der russischen Kapitalgesellschaft an die in Russland mit ihren Einkünften beschränkt steuerpflichtigen Anteilseigner gezahlten Dividenden werden zunächst mit einer Quellensteuer belegt, die bei beschränkt steuerpflichtigen natürlichen Personen als Dividendenempfängern 30 v. H.[134] und bei ausländischen Kapitalgesellschaften 15 v. H. beträgt. Die Tochtergesellschaft

---

[133] Vgl. Fanger (2002), S. 25 ff.
[134] Ab dem VZ 2008 plant das Finanzministerium für beschränkt steuerpflichtige natürliche Personen auch im nationalen Steuerrecht die Quellensteuer auf 15 v. H. zu reduzieren; vgl. hierzu: (http://www.nalogforum.ru/news.html?idnews=356), Stand. 10.04.2007.

hat die Quellensteuer als sog. Steueragent einzubehalten und an die zuständige russische Steuerbehörde abzuführen (Art. 226 Abs. 1 StK-Rus).

Die russische Tochtergesellschaft, der deutsche Einzelunternehmer und die deutsche Muttergesellschaft sind in den Abkommensstaaten ansässige (Art. 4 DBA-Rus) Personen i. S. v. Art. 3 DBA-Rus und somit abkommensberechtigt (Art. 1 DBA-Rus). Das DBA-Rus gilt für Einkommensteuer, Körperschaftsteuer und Gewerbesteuer (Art. 2 Abs. 3 DBA-Rus). Die Voraussetzungen für die Quellensteuerermäßigung liegen mithin vor, sowohl für die Kapitalgesellschaft als auch für das Einzelunternehmen als Spitzeneinheit.

Bei dem deutschen Einzelunternehmer wird die Quellensteuer auf 15 v. H. reduziert, weil Art. 10 Buchst. a) DBA-Rus nur für Gesellschaften als Dividendenempfänger gilt. Sofern die Dividenden an die deutsche Muttergesellschaft gezahlt werden, wird die Quellensteuer auf 5 oder 15 v. H. reduziert, abhängig von den gegebenen Voraussetzungen.

Die in Russland bezahlte Quellensteuer wird durch die Anwendung des sog. Erstattungsverfahrens reduziert (Art. 231 und 232 StK-Rus). Hierzu hat der Steuerpflichtige einen entsprechenden Antrag bei der zuständigen Steuerbehörde innerhalb eines Jahres nach dem Ende des maßgeblichen VZ zu stellen (Art. 232 Abs. 2 StK-Rus).

Die Ertragsbesteuerung **in Russland** sieht folgendermaßen aus:

$$ASt^r = G \times (s_k^r + (1 - s_k^r) \times s_q^r)$$

- **Besteuerung in Deutschland und die gesamte Steuerbelastung**

Einzelunternehmen als Spitzeneinheit

Die von der russischen Kapitalgesellschaft erhaltenen Dividenden zählen zu den Einkünften aus Gewerbebetrieb eines deutschen Einzelunternehmers und unterliegen einer inländischen Besteuerung. Sie werden nach dem Teileinkünfteverfahren (§ 3 Nr. 40 Buchst. e) EStG-E) zu 60 Prozent mit seinem persönlichen Einkommensteuersatz zzgl. des Solidaritätszuschlags belastet.[135] Die Gewerbesteuer fällt nicht an, sofern bestimmte Voraussetzungen erfüllt sind.[136] Nach dem DBA-Rus wird die Quellensteuer auf die deutsche Einkommensteuer angerechnet. Dabei ist zu beachten, dass bei der Berechnung des Anrechnungshöchstbetrags die Dividenden nur zu 60 Prozent berücksichtigt werden[137], bei der Festsetzung der russischen Quellensteuer gehen sie dagegen komplett in die Bemessungsgrundlage ein (Art. 275 Abs. 3 StK-Rus).

Die Besteuerung in Deutschland sowie die Gesamtsteuerbelastung sehen somit folgendermaßen aus:

$$ASt = G \times (s_k^r + (1 - s_k^r) \times s_q^r + 0,6 \times s_e \times (1 - s_k^r) - s_q^r \times (1 - s_k^r) +$$

$$+ s_{ea} \times (0,6 \times s_e - s_q^r) \times (1 - s_k^r)) \approx 0,436 \times G$$

Kapitalgesellschaft als Spitzeneinheit

Aufgrund der unbeschränkten Steuerpflicht des Mutterunternehmens werden die von der Tochtergesellschaft bezogenen Dividenden als ausländische Einkünfte in die inländische Steuermessungsgrundlage einbezogen. Formal sind Dividenden gem. § 8b Abs. 1 KStG komplett steuerfrei. Jedoch gelten 5 v. H. der Dividenden als nichtabzugsfähige Betriebsausgaben und unterliegen somit der inländischen Besteuerung.[138]

---

[135] Vgl. Kessler / Ortmann-Babel / Zipfel (2007), S. 524.
[136] Vgl. hierzu Abschnitt 2.3.2.
[137] Vgl. hierzu Abschnitt 1.3.1.
[138] Vgl. Abschnitt 1.3.4.

Die Gesamtsteuerbelastung beträgt demnach:

$$ASt = G \times (s_k^r + (1 - s_k^r) \times s_q^r) + 0,05 \times s_{keag} \times (1 - s_k^r) \approx 0,289 \times G$$

3.4 Steuerbelastungsvergleich

3.4.1 Laufende Besteuerung im Gewinnfall

▪ **Einzelunternehmen als Spitzeneinheit**

Die in der russischen **Betriebsstätte** erwirtschafteten Einkünfte unterliegen einer Steuerbelastung von ca. 32 v. H. Bei einer **sofortigen Ausschüttung** beträgt die Steuerquote auf die Gewinne einer **Tochtergesellschaft** ca. 43,6 v. H.

Ergebnisinterpretation

▪ Die in der Betriebsstätte erwirtschafteten Einkünfte werden in Russland höher besteuert als Einkünfte einer Kapitalgesellschaft (bei höheren Einkünften ca. 32 % vs. 24 %).

▪ Gleichzeitig werden Dividenden, die eine russische Kapitalgesellschaft an ihre deutschen Anteilseigner auszahlt, mit 15 % Quellensteuer belegt; bei den Einkünften aus einer Betriebsstätte wird keine Quellensteuer erhoben.

▪ Aufgrund des Progressionsvorbehalts steigt die Belastung der inländischen Einkünfte, allerdings ist dieser Effekt bei höheren Einkommen unerheblich; die Dividenden werden dagegen zu 60 % besteuert.

Im Fall einer sofortigen Vollausschüttung ist es ersichtlich, dass bei hohen Einkünften (sowohl in Russland als auch in Deutschland) die Steuerbelastung bei einer Betriebsstätte niedriger ist; sofern allerdings die Einkünfte relativ niedrig sind, kann eine Betriebsstätte im Vergleich zu einer Kapitalgesellschaft eine attraktive Alternative darstellen.

Wenn eine **Dividendenausschüttung erst zu einem späteren Zeitpunkt** vorgenommen wird, könnte sich die Reihenfolge der Entscheidungen zugunsten der Betriebsstätte verschieben. Diese These wird im Folgenden untersucht.

Folgende **Annahmen** werden getroffen:

- die jährlichen Einnahmenüberschüsse werden nicht in die Betriebstätigkeit reinvestiert, sondern können am Kapitalmarkt bzw. bei einer Bank angelegt werden;

- die natürliche Person kann die in der Betriebsstätte erzielten EÜ bei der größten russischen Bank zu einem Zinssatz (i) von 10 v. H. anlegen;[139]

- die Tochtergesellschaft kann ihre EÜ zu einem Zinssatz (i) anlegen, der 6 v. H. beträgt und der effektiven Verzinsung von Anleihen, die von der Moskauer Stadtverwaltung emittiert worden sind, entspricht;[140]

- die Anlagen werden in russischer Währung RUB getätigt; es wird angenommen, dass in den nächsten zehn Jahren kein Kursrisiko hinsichtlich ihrer Abwertung besteht, was mit einem positiven Außenhandelssaldo[141], niedriger Staatsverschuldung[142] und sehr hohen Währungsreserven bei der Zentralbank[143] zu begründen ist;

- die Dividenden werden nach zehn Jahren voll ausgeschüttet, dabei wird die Tochtergesellschaft nicht veräußert und somit bleibt das Kapitalkonto unberührt;

- EÜ werden mit der Einkommensteuer und Sozialsteuer belastet; in Deutschland werden die Einkünfte von der Besteuerung freigestellt;

- die Sozialsteuer wird aus Vereinfachungsgründen mit 2 v. H. angesetzt;

- es erfolgt keine Zurechnung der Zinseinkünfte zu den Betriebsstätteneinkünften und sie werden gem. Art. 11 Abs. 1 DBA-Rus in Deutschland versteuert;

- der Progressionsvorbehalt wird aus Vereinfachungsgründen vernachlässigt.

---

[139] http://www.sbrf.ru/ruswin/vklad/ (Stand 14.03.2007).
[140] http://www.cbonds.info/rus/emissions/emission.phtml/params/id/5397 (Stand 14.03.2007).
[141] http://russlandonline.ru/schlagzeilen/morenews.php?iditem=31079 (Stand 14.03.2007).
[142] https://www.cia.gov/cia/publications/factbook/rankorder/2186rank.html (Stand 14.03.2007).
[143] https://www.cia.gov/cia/publications/factbook/rankorder/2188rank.html (Stand 14.03.2007).

Berechnung des Endvermögens nach Steuern (Betriebsstätte)

$$EV_{bs} = E\ddot{U} \times (1 - s_e^r - s_{soz}^r) \times REF_{is}^{10} \approx E\ddot{U} \times 9,55$$

$$REF_{is}^{10} = \frac{(1 + 0,0736)^{\wedge}10 - 1}{0,0736} \approx 14,05$$

$$i_s = i \times (1 - s) = 0,1 \times (1 - 0,25 \times (1 + 0,055)) = 0,0736$$

Berechnung des Endvermögens nach Steuern (Tochtergesellschaft)

$$EV_{tg} = E\ddot{U} \times (1 - s_k^r) \times REF_{is}^{10} \times (1 - 0,6 \times s_e - s_{ea} \times (0,6 \times s_e - s_q^r)) =$$
$$= E\ddot{U} \times (1 - 0,24) \times 12,85 \times (1 - 0,6 \times 0,42 - 0,055 \times (0,6 \times 0,42 - 0,15)) \approx$$
$$\approx E\ddot{U} \times 0,76 \times 12,85 \times 0,746 \approx 7,28$$

Anmerkung: Die $0,6 \times s_e$ ist höher als s_q^r, deswegen wird die russische Quellensteuer komplett auf die deutsche Einkommensteuer angerechnet.

$$i_s = i \times (1 - s) = 0,06 \times (1 - 0,09) = 0,0546$$

$$REF_{is}^{10} = \frac{(1 + 0,0546)^{\wedge}10 - 1}{0,0546} \approx 12,85$$

Ergebnisinterpretation

Bei einer späteren Ausschüttung besteht ein wichtiger Vorteil der Tochtergesellschaft darin, dass ihre laufenden Zinseinkünfte aus Anleihen mit Steuern weniger belastet werden (9 v. H. gem. Art. 284 Abs. 4 S. 2 StK-Rus) im Vergleich zu einer natürlichen Person, die 26,375 % (Abgeltungsteuersatz zzgl. Solidaritätszuschlags) von ihren Kapitaleinkünften an das deutsche Finanzamt gem. § 32d Abs. 1 EStG-E abzuführen hat.

Trotz dieser Differenz ändert sich die Rangfolge bei einer Ausschüttung zu einem späteren Zeitpunkt nicht. Dies resultiert hauptsächlich daraus, dass die Anlagemöglichkeiten in Russland für juristische Personen gegenwärtig etwas ungünstiger als für natürliche Personen sind; zudem werden die Dividenden einer russischen Kapitalgesellschaft, die der Anteilseigner nach zehn Jahren ausgezahlt bekommt, zu 60 % mit seinem persönlichen Einkommensteuersatz zzgl. des Solidaritätszuschlags besteuert; die Betriebsstätteneinkünfte werden dagegen beim Transfer nach Deutschland mit den zusätzlichen Abgaben nicht belastet.

- **Kapitalgesellschaft als Spitzeneinheit**

Die Gesamtsteuerbelastung der **Betriebsstättengewinne** wird aufgrund des DBA-Rus auf die russische Steuerbelastung (24 %) reduziert.

Bei einer russischen **Tochtergesellschaft** setzt sich die Gesamtsteuerbelastung aus einer russischen Körperschaftsteuer auf ihre Gewinne, einer Quellensteuer auf ausgeschüttete Dividenden und einer deutschen Körperschaftsteuer, Gewerbesteuer und Solidaritätszuschlag auf 5 v. H. der Dividenden zusammen und beträgt ca. 29 %.

Somit ist ersichtlich, dass die Steuerbelastung der Gewinne einer Betriebsstätte niedriger ist als bei einer Tochtergesellschaft.

3.4.2 Steuerliche Behandlung von Verlusten

- **Einzelunternehmen als Spitzeneinheit**

- **Betriebsstättenverluste**

Weil natürliche Personen keine Möglichkeit haben ihre Verluste in Russland vorzutragen, wird eine Betriebsstätte gegenüber einer Tochtergesellschaft im nationalen Rahmen benachteiligt. Auch bei der Ermittlung der Bemessungsgrundlage zum Zweck der deutschen Besteuerung werden die Verluste, die aus der Tätigkeit russischer Betriebsstätten resultieren, aufgrund der Freistellungsklausel im DBA grundsätzlich nicht berücksichtigt, sofern die „Aktivitätsklausel" i. S. v. Art. 23 Abs. 2 Buchst. c) DBA-Rus erfüllt ist.[144] Sie können lediglich bei der Berechnung des besonderen Steuersatzes im Rahmen des negativen Progressionsvorbehalts herangezogen werden, vorausgesetzt, dass es

---

[144] Vgl. Schmidt / Sigloch / Henselmann (2005), S. 123.

sich um keine Einkünfte aus „passiven" Tätigkeiten i. S. v. § 2a Abs. 1 i. V. m. Abs. 2 EStG handelt.[145]

Werden allerdings die Aktivitätskriterien i. S. v. Art. 23 Abs. 2 Buchst. c) DBA-Rus nicht erfüllt, kommt es nicht zu einer Einkünftefreistellung und Verluste können auch entsprechend in Deutschland geltend gemacht werden. Somit bietet es sich an, die Betriebsstätteneinkünfte durch „passive" Einkünfte zu infizieren. Solche „passiven" Einkünfte wie z. B. aus Vermietung und Verpachtung von beweglichen Sachen (§ 8 Abs. 1 Nr. 6 Buchst. c) AstG) können unter dort aufgeführten Voraussetzungen[146], soweit sie mehr als 10 Prozent der Bruttoerträge umfassen (Art. 23 Abs. 2 Buchst. c) DBA-Rus), dazu führen, dass die gesamten Verluste in Deutschland berücksichtigt werden. Lediglich Verluste, **soweit** sie aus den o. g. passiven Einkünften entstehen, dürfen gem. § 2a EStG im Inland nicht abgezogen werden.[147]

- **Verluste der Tochtergesellschaft**

Verluste, die eine russische Tochtergesellschaft erzielt, können lediglich in Russland im Rahmen eines Verlustvortrags geltend gemacht werden und dürfen in Deutschland nicht berücksichtigt werden. Allerdings kann eine andauernde Verlusterwirtschaftung zum niedrigeren Beteiligungswert an der Tochtergesellschaft führen und somit eine Teilwertabschreibung gem. § 6 Abs. 1 Nr. 2 EStG möglich machen, die auch steuerlich zu 60 Prozent geltend gemacht werden kann (§ 3c Abs. 2 S.1 EStG-E), sofern die Einkünfte „aktiv" i. S. v. § 2a Abs. 2 EStG sind (§ 2a Abs. 1 Nr. 3 a) EStG).[148]

Ergebnisinterpretation

Es ist somit ersichtlich, dass bei der steuerlichen Behandlung von ausländischen Verlusten sowohl bei einer Betriebsstätte als auch im Falle einer Tochtergesellschaft bestimmte Vor- und Nachteile bestehen. Der Vorteil einer Betriebsstätte besteht grundsätzlich darin, dass die Verluste im Rahmen des negativen Progressionsvorbehalts berücksichtigt werden können; bei einer

---

[145] Vgl. Jacobs (2002), S. 494 f.
[146] Vgl. Schmidt / Sigloch / Henselmann (2005), S. 247.
[147] Vgl. Tillmann / Schmedt (2002), S. 342 ff.
[148] Vgl. Grotherr (2003), S. 64 f.; Jacobs (2002), S. 536 f.

Tochtergesellschaft können die Verluste in Russland vorgetragen werden und es besteht die Möglichkeit die Beteiligung ergebniswirksam abzuschreiben. Eine pauschale Aussage zur Vorteilhaftigkeit einer Gesellschaftsform zu treffen ist nicht möglich, vieles hängt vom Einzelfall ab.

- **Kapitalgesellschaft als Spitzeneinheit**

- **Betriebsstättenverluste**

Wenn in der russischen Betriebsstätte Verluste anfallen, können sie grundsätzlich in Deutschland bei der Muttergesellschaft nicht berücksichtigt werden, sofern es sich um eine „aktive" Betriebsstätte (Art. 23 Abs. 2 Buchst. c) DBA-Rus) handelt. Wird die Betriebsstätte nach dem DBA-Rus dagegen als „passiv" qualifiziert, können die Verluste bei der deutschen Muttergesellschaft geltend gemacht werden, sofern die Vorschriften des § 2a EStG dem nicht widersprechen. Ein negativer Progressionsvorbehalt spielt bei den deutschen Kapitalgesellschaften aufgrund des proportionalen Körperschaftsteuertarifs keine Rolle.

- **Verluste einer Tochtergesellschaft**

Verluste einer Tochtergesellschaft können bei der Berechnung der Steuerbemessungsgrundlage der Muttergesellschaft nicht berücksichtigt werden. Eine Teilwertabschreibung ist grundsätzlich zulässig, soweit davon auszugehen ist, dass die Verluste auch künftig anfallen werden und die Beteiligung an der russischen Gesellschaft somit dauerhaft an Wert verloren hat.[149]

Allerdings bringt die Teilwertabschreibung der inländischen Muttergesellschaft keine Entlastung, weil sie steuerlich nicht anerkannt wird (§ 8b Abs. 3 S. 2 KStG).

Ergebnisinterpretation

Es ist festzustellen, dass unter bestimmten Bedingungen („passive" Betriebsstätte und keine Einschränkung durch § 2a EStG) die Betriebsstätte Vorteile gegenüber einer Tochtergesellschaft aufweist. Wenn jedoch diese Bedingungen nicht erfüllt sind, werden Verluste gleich behandelt.

---

[149] Vgl. Jacobs (2002), S. 536 f.

3.4.3 Besteuerung von Veräußerungsgewinnen

Bei der Wahl zwischen einer Betriebsstätte und einer Tochtergesellschaft können außerdem weitere Aspekte, wie z. B. mögliche Unterschiede in der steuerlichen Behandlung einer späteren Veräußerung der Betriebsstätte bzw. der Tochtergesellschaft, in Betracht gezogen werden.

▪ **Veräußerung der Betriebsstätte bzw. der Anteile an der Tochtergesellschaft**

Einzelunternehmen als Spitzeneinheit

Bei der **Veräußerung der Betriebsstätte**, bzw. der dazugehörigen Wirtschaftsgüter, wird der Unterschiedsbetrag zwischen dem Buchwert und dem Verkaufspreis als Veräußerungsgewinn in Russland mit dem normalen Steuersatz s_e^r des Steuerpflichtigen versteuert (Art. 210 Abs. 1 i. V. m. Art. 224 Abs. 1 u. 3 StK-Rus), die Sozialsteuer wird gem. Art. 236 Abs. 1 StK-Rus nicht erhoben. Nach dem Art. 13 Abs. 2 DBA-Rus hat Russland das Recht diese Einkünfte zu versteuern; daraus folgt, dass sie in Deutschland von der Besteuerung freigestellt werden, wenn der Steuerpflichtige nachweist, dass es sich bei den in der Betriebsstätte erwirtschafteten Einkünften ausschließlich oder fast ausschließlich um „aktive" Einkünfte i. S. v. § 8 Abs. 1 AstG handelt; die freigestellten Einkünfte können jedoch bei der Festsetzung des Steuersatzes berücksichtigt werden (Progressionsvorbehalt) (Art. 23 Abs. 2 Buchst. a) und c) DBA-Rus).

Soweit die Betriebsstätte einen mit gewisser Selbständigkeit ausgestatteten, organisch geschlossenen Teil des Gesamtbetriebs darstellt, selbst alle Merkmale eines Betriebs aufweist und für sich lebensfähig ist, gilt sie nach dem EStG als Teilbetrieb (R 16 Abs. 3 S. 1 EStR). Im solchen Fall zählt der Veräußerungsgewinn gem. § 16 Abs. 1 EStG zu den Einkünften aus Gewerbebetrieb und ist grundsätzlich steuerpflichtig. Aufgrund von DBA-Rus wird der aus dem Verkauf resultierende Gewinn nicht versteuert, allerdings wird er zu einem Fünftel in die Berechnung des besonderen Steuersatzes einbezogen, mit dem die inländischen Einkünfte belastet werden (§ 34 Abs. 1 u. 2 EStG). Die

Gewerbesteuer wird auf Gewinne, die bei der Veräußerung einer ausländischen Betriebsstätte entstehen, nicht erhoben.[150]

In dem Fall, wenn die Betriebsstätte keinen Teilbetrieb darstellt, wird der Veräußerungsgewinn als laufender Betriebsstättengewinn in Deutschland behandelt, mit der Folge, dass die Vergünstigungen i. S. v. § 34 EStG nicht gelten und die Veräußerungsgewinne bzw. Verluste im Rahmen des Progressionsvorbehalts komplett berücksichtigt werden müssen. Die Gewerbesteuer wird auch im solchen Fall aufgrund der Freistellung oder subsidiär durch die Kürzung nach § 9 Nr. 3 GewStG nicht erhoben.[151]

Bei der **Veräußerung der Tochtergesellschaft** wird der Gewinn lediglich in Deutschland besteuert (Art. 13 Abs. 4 DBA-Rus). Dieser Gewinn zählt zu den Einkünften aus Gewerbebetrieb i. S. v. § 16 Abs. 1 EStG; § 17 EStG greift nicht, weil die 100 %-ige Beteiligung sich im Betriebsvermögen und nicht im Privatbesitz des Einzelunternehmers befindet.[152] Der aus dem Beteiligungsverkauf resultierende Gewinn unterliegt gem. § 3 Nr. 40 Buchst. a) EStG-E zu 60 Prozent der deutschen Einkommensteuer[153] und Gewerbesteuer (§ 7 GewStG). Ein ermäßigter Steuersatz i. S. v. § 34 Abs. 3 EStG kommt nicht in Frage,[154] weil die Veräußerungsgewinne nach dem **Teileinkünfteverfahren** besteuert werden (§ 34 Abs. 2 Nr. 1 EStG), allerdings kann unter entsprechenden Umständen ein Freibetrag gem. § 16 Abs. 4 EStG vom Steuerpflichtigen in Anspruch genommen werden.

Ergebnisinterpretation

Es ist festzustellen, dass der aus dem Betriebsstättenverkauf resultierende Gewinn in den meisten Fällen (unter den zuvor gesetzten Annahmen) einer höheren Besteuerung unterliegt.

Dies resultiert hauptsächlich daraus, dass der s_e^r bei beschränkt steuerpflichtigen natürlichen Personen 30 % beträgt und somit etwas höher als $0,6 \times s_{eeag}$ (ca.

---

[150] Vgl. Fischer / Kleineidam / Warneke (2005), S. 341 f.; Montag (2005), S. 756, Rz. 258.
[151] Vgl. Fischer / Kleineidam / Warneke (2005), S. 339 ff.
[152] Ebd., S. 436 f.
[153] Vgl. Kessler / Ortmann-Babel / Zipfel (2007), S. 524 f.
[154] Schult / Freyer (2001), S. 455.

26,6 %)[155] liegt. Zusätzlich wird der Gewinn aus dem Betriebsstättenverkauf dadurch belastet, dass ein Fünftel oder sogar der ganze Betrag, soweit es sich um einen Teilbetrieb handelt, im Rahmen des Progressionsvorbehalts bei der Festsetzung des besonderen Steuersatzes auf die inländischen Einkünfte hinzugerechnet wird. Weiterhin kann evtl. ein Freibetrag gem. § 16 Abs. 4 EStG beim Tochtergesellschaftsverkauf geltend gemacht werden.

Kapitalgesellschaft als Spitzeneinheit

• **Betriebsstättenveräußerung**

Gem. Art. 23 Abs. 2 Buchst. a) DBA-Rus werden die Gewinne aus Veräußerung des Betriebsstättenvermögens bzw. der Betriebsstätte selbst von der deutschen Besteuerung freigestellt und lediglich in Russland im Rahmen der beschränkten Steuerpflicht des Mutterunternehmens mit dem russischen Körperschaftsteuersatz von 24 v. H. besteuert (Art. 13 Abs. 2 DBA-Rus i. V. m. Art. 284 Abs. 1 StK-Rus).[156]

Die Steuerbelastung sieht dann dementsprechend folgendermaßen aus:

$$ASt = G \times s_k^r = G \times 0,24$$

• **Veräußerung der Tochtergesellschaft**

Wenn die Muttergesellschaft die Beteiligung verkauft, werden die daraus resultierenden Gewinne von der russischen Besteuerung freigestellt (Art. 13 Abs. 4 DBA-Rus). Auch in Deutschland werden sie grundsätzlich von der Körperschaftsteuer befreit; die Gewerbesteuer wird nicht erhoben.[157] Lediglich 5 v. H. gelten als nichtabzugsfähige Betriebsausgaben, die einer deutschen Steuerbelastung ausgesetzt sind (§ 8b Abs. 3 S. 1 KStG).

Die Steuerbelastung beträgt somit:

---

[155] Die Gewerbesteuer auf Veräußerungsgewinn wird durch die Anrechnung des Messbetrags mit der Gewerbesteuermesszahl von 3,5 % (§ 11 Abs. 2 GewStG-E) gem. § 35 EStG neutralisiert; vgl. hierzu Fischer / Kleineidam / Warneke (2005), S. 439.
[156] Sofern nach Art. 23 Abs. 2 Buchst. c) DBA-Rus die Betriebsstätte allerdings als „passiv" gilt, greift die Anrechnungsmethode, wonach die Gewinne auch in Deutschland mit Körperschaftsteuer und Solidaritätszuschlag belastet werden
[157] Zu den Ausnahmen und Einzelheiten vgl. Fischer / Kleineidam / Warneke (2005), S. 437 f.

$$ASt = G \times 0,05 \times s_{keag} \approx G \times 0,015$$

Schlussfolgerung:

Es ist festzustellen, dass es zwei Fallkonstellationen gibt:

- es handelt sich um eine „aktive" **Betriebsstätte**;

- die Betriebsstätte wird als „passiv" nach dem DBA-Rus qualifiziert.

In beiden Fällen wird der Veräußerungsgewinn mit 24 v. H. belastet.[158]

Beim **Anteilsverkauf** werden in beiden Fällen nur 5 % des Gewinns besteuert, d. h. die Belastung ist im Vergleich zum Betriebsstättenverkauf marginal. Die Tochtergesellschaft stellt somit in beiden Fällen eine bessere Alternative dar.

---

[158] Beim Verkauf einer „passiven" Betriebsstätte wird die Anrechnungsmethode angewendet und weil die russische Körperschaftsteuer (24 %) höher ist, als die deutsche (15 %), fällt in Deutschland keine zusätzliche Steuerbelastung an.

Zusammenfassung

Das Ziel der Arbeit war es, die möglichen Faktoren zu identifizieren, die Auswirkungen auf die Entscheidungen bei der Auswahl zwischen zwei Rechtsformalternativen aus der steuerlichen Perspektive haben könnten, und daraus bestimmte Ergebnisse abzuleiten.

Es ist in vielen Fällen nicht möglich, die genauen Handlungsempfehlungen zu geben, allerdings konnten gewisse allgemeine Tendenzen erkannt werden.

So ist die Gründung einer Betriebsstätte gegenüber einer Tochtergesellschaft z. B. dann vorteilhaft, wenn sie sich im anderen EU-Staat befindet, sofern die Wirtschaftsgüter aus dem Stammhaus überführt werden oder wenn der ausländische Quellensteuersatz auf die Dividenden besonders hoch ist. Es wurden außerdem kritische Steuersätze hergeleitet, um den besseren Vergleich der beiden Rechtsformen hinsichtlich der laufenden Besteuerung zu gewährleisten.

Im Bezug auf Russland ist folgendes festzustellen:

Sofern es sich um ein **Einzelunternehmen als Spitzeneinheit** handelt, ist im Bezug auf die **laufende Besteuerung** eine Betriebsstätte vorteilhaft, unabhängig davon, ob die Dividenden einer Kapitalgesellschaft sofort oder zu einem späteren Zeitpunkt ausgeschüttet werden.

Bei einer **Spitzeneinheit in Form einer Kapitalgesellschaft** ist eine russische Betriebsstätte auch grundsätzlich eine bessere Wahl. Hinsichtlich möglicher Verluste bestehen bei beiden Rechtsformen Vor- und Nachteile, eine pauschale Aussage ist demnach nicht möglich.

Bei der späteren Veräußerung wird i. d. R. die Tochtergesellschaft im Vergleich zur Betriebsstätte steuerlich begünstigt, unabhängig von der Rechtsform der Spitzeneinheit.

Anhang

$\text{ASt}_{tg} < \text{ASt}_{bs}$

(I) $s_e > s_e^a$ und $0,6 \times s_e > s_q^a$

$$\text{ASt}_{tg} = G \times (s_k^a + (1-s_k^a) \times s_q^a + 0,6 \times s_e \times (1-s_k^a) - (1-s_k^a) \times s_q^a + s_{ea} \times (0,6 \times s_e - s_q^a) \times (1-s_k^a)) =$$
$$= G \times (s_k^a + 0,6 \times s_e \times (1-s_k^a) + s_{ea} \times (0,6 \times s_e - s_q^a) \times (1-s_k^a)) =$$
$$= G \times (s_k^a + 0,252 \times (1-s_k^a) + 0,055 \times (0,252 - s_q^a) \times (1-s_k^a)) =$$
$$= G \times (0,266 + 0,734 \times s_k^a - 0,055 \times s_q^a + 0,055 \times s_q^a \times s_k^a)$$

$$\text{ASt}_{bs} = G \times (s_e + s_{ea} \times (s_e - s_e^a)) = G \times (0,42 + 0,055 \times (0,42 - s_e^a)) = G \times (0,4431 - 0,055 \times s_e^a)$$

$$G \times (0,266 + 0,734 \times s_k^a - 0,055 \times s_q^a + 0,055 \times s_q^a \times s_k^a) < G \times (0,4431 - 0,055 \times s_e^a)$$

$$s_k^a < \frac{0,177 + 0,055 \times (s_q^a - s_e^a)}{0,734 + 0,055 \times s_q^a}$$

(II) $s_e < s_e^a$ und $0,6 \times s_e > s_q^a$

$$\text{ASt}_{tg} = G \times (s_k^a + 0,6 \times s_e \times (1-s_k^a) + s_{ea} \times (0,6 \times s_e - s_q^a) \times (1-s_k^a))$$

$$\text{ASt}_{bs} = G \times s_e^a$$

$$G \times (0,266 + 0,734 \times s_k^a - 0,055 \times s_q^a + 0,055 \times s_q^a \times s_k^a) < G \times s_e^a$$

$$0,266 + 0,734 \times s_k^a - 0,055 \times s_q^a + 0,055 \times s_q^a \times s_k^a) < s_e^a$$

$$s_k^a < \frac{s_e^a + 0,055 \times s_q^a - 0,266}{0,734 + 0,055 \times s_q^a}$$

(III) $s_e > s_e^a$ und $0,6 \times s_e < s_q^a$

$$\text{ASt}_{tg} = G \times (s_k^a + (1-s_k^a) \times s_q^a)$$

$$ASt_{bs} = G \times (s_e + s_{ea} \times (s_e - s_e^a)) = G \times (0,42 + 0,055 \times (0,42 - s_e^a)) = G \times (0,4431 - 0,055 \times s_e^a)$$

$$s_k^a + (1 - s_k^a) \times s_q^a < 0,4431 - 0,055 \times s_e^a$$

$$s_k^a < \frac{0,4431 - 0,055 \times s_e^a - s_q^a}{1 - s_q^a}$$

(IV) $s_e < s_e^a$ und $0,6 \times s_e < s_q^a$

$$ASt_{tg} = G \times (s_k^a + (1 - s_k^a) \times s_q^a)$$

$$ASt_{bs} = G \times s_e^a$$

$$s_k^a + (1 - s_k^a) \times s_q^a < s_e^a$$

$$s_k^a < \frac{s_e^a - s_q^a}{1 - s_q^a}$$

(V) $0,6 \times s_e > s_q^a$

$$ASt_{tg} = G \times (0,266 + 0,734 \times s_k^a - 0,055 \times s_q^a + 0,055 \times s_q^a \times s_k^a)$$

$$ASt_{bs} = G \times s_e^a$$

$$0,266 + 0,734 \times s_k^a - 0,055 \times s_q^a + 0,055 \times s_q^a \times s_k^a < s_e^a$$

$$s_k^a < \frac{s_e^a + 0,055 \times s_q^a - 0,266}{0,055 \times s_q^a + 0,734}$$

(VI) $0,6 \times s_e < s_q^a$

$$ASt_{tg} = G \times (s_k^a + (1 - s_k^a) \times s_q^a)$$

$$ASt_{bs} = G \times s_e^a$$

$$s_k^a + (1 - s_k^a) \times s_q^a < s_e^a$$

$$s_k^a < \frac{s_e^a - s_q^a}{1 - s_q^a}$$

(VII)

$$ASt_{tg} = G \times (s_k^a + (1 - s_k^a) \times s_q^a + 0,05 \times (1 - s_k^a) \times s_{keag})$$

$$ASt_{bs} = G \times s_k^a$$

ASt_{bs} ist immer niedriger, als ASt_{tg}

(VIII) $s_k^a < s_{kst}$

$$ASt_{tg} = G \times (s_k^a + (1 - s_k^a) \times s_q^a + 0,05 \times (1 - s_k^a) \times s_{keag})$$

$$ASt_{bs} = G \times (s_{kst} + s_{ea} \times (s_{kst} - s_k^a))$$

$$s_k^a + (1 - s_k^a) \times s_q^a + 0,05 \times (1 - s_k^a) \times s_{keag} < s_{kst} + s_{ea} \times (s_{kst} - s_k^a)$$

$$s_k^a + (1 - s_k^a) \times s_q^a + 0,015 \times (1 - s_k^a) < 0,15 + 0,055 \times (0,15 - s_k^a)$$

$$1,04 \times s_k^a - s_k^a \times s_q^a + s_q^a - 0,14325 < 0$$

$$s_k^a < \frac{0,14325 - s_q^a}{1,04 - s_q^a}$$

Literaturverzeichnis

Ax, Rolf / Große, Thomas / Melchior, Jürgen: Abgabenordnung und Finanzgerichtsordnung, 19 Aufl., Schäffer-Poeschel Verlag / Stuttgart, 2007.

Birk, Dieter: Zuzug und Wegzug von Kapitalgesellschaften – Zu den körperschaftsteuerlichen Folgen der Überseeringentscheidung des EuGH, IStR 2003, S. 469-473.

Deininger, Rainer: Körperschaftsteuerlichen Auswirkungen der Überseering - Entscheidungen des EuGH, IStR 2003, S. 214-216.

Fanger, Henrik: Direktinvestitionen in Russland, Erich Schmidt Verlag / Bielefeld, 2002.

Felsner, Marcus: Mittelstand. Chance Internationalisierung, 2005. Abrufbar unter http://www.localglobal.de/test/detail_autoren.php?id=511654&bild=3180

(Stand 20.03.2007).

Fischer, Lutz / Kleineidam, Hans-Jochen / Warneke, Perygrin: Internationale Betriebswirtschaftliche Steuerlehre, 5 Aufl., Erich Schmidt Verlag / Berlin, 2005.

Förster, Guido: SEStEG: Rechtsänderungen im EStG, Der Betrieb 2007, S. 72-80.

Frotscher, Gerrit: Internationales Steuerrecht, 2 Aufl., C. H. Beck Verlag / München, 2005.

Freyer, Thomas: Unternehmensrechtsform und Steuern, Erich Schmidt Verlag / Bielefeld, 2004.

Gersch, Eva-Maria: Kommentierung zu §§ 8 bis 14 AO, in: Brockmeyer, Hans Bernhard: Abgabenordnung - einschließlich Steuerstrafrecht-, Kommentar, 9. Aufl., Beck / München, 2006.

Gosch, Dietmar (Hrsg.): Körperschaftsteuergesetz, Kommentar, C. H. Beck Verlag / München, 2004.

Grotherr, Siegfried : Internationales Steuerrecht , 2. Aufl., Fleischer / Achim, 2003.

Güroff, Georg: Kommentierung zu § 9 Nr. 3 GewStG, in: Glanegger, Peter (Hrsg.): Gewerbesteuergesetz, Kommentar, 6. Aufl., Beck / München, 2006.

Haiß, Uta: Steuerliche Abgrenzungsfragen bei der Begründung einer Betriebsstätte im Ausland, in: Grotherr, Siegfried (Hrsg.): Handbuch der internationalen Steuerplanung, 2. Aufl., Verlag Neue Wirtschaftsbriefe / Herne / Berlin 2003, S. 31-47.

Heinicke, Wolfgang: Kommentierung zu §§ 1, 34c EStG, in: Schmidt, Ludwig (Hrsg.): Einkommensteuergesetz, Kommentar, 25. Aufl., Beck / München, 2006.

Hemmelrath, Alexander: Kommentierung zu Art. 3 OECD-MA, in: Vogel, Klaus / Lehner, Moris: Doppelbesteuerungsabkommen: DBA, Kommentar, 4. Aufl., C. H. Beck Verlag / München, 2003.

Herzig, Norbert: Reform der Unternehmensbesteuerung, WPg 2007, S.7-14.

Hey, Johanna: Körperschaftsteuerrecht, in: Tipke, Klaus / Lang, Joachim (Hrsg.): Steuerrecht, 18 Aufl., Otto Schmidt Verlag / Köln, 2005.

Jacobs, Otto H.: Internationale Unternehmensbesteuerung, 5. Aufl., Beck / München, 2002.

Kaminski, Bert: Überführung von Wirtschaftsgütern in eine ausländische DBA-Betriebsstätte als Entnahmen i. S. des § 4 Abs. 4a EStG, IStR 2001, S. 129-131.

Kessler, Wolfgang / Müller, Michael: Ort der Geschäftsleitung einer Kapitalgesellschaft nach nationalem und DBA-Recht – Bestandsaufnahme und aktuelle Entwicklungen, IStR 2003, S. 361-369.

Kessler, Wolfgang / Ortmann-Babel, Martina / Zipfel, Lars: Unternehmensteuerreform 2008: Die geplanten Änderungen im Überblick, BB 2007, S. 523-533.

Kessler, Wolfgang / Peter, Markus: OECD klärt Zweifelsfragen zur Server- Betriebsstätte - Bestätigung des Pipeline-Urteils, IStR 2001, S. 238-242.

Kessler, Wolfgang / Winterhalter, Hansjörg / Huck, Friedericke: Überführung und Rückführung von Wirtschaftsgütern: Die Ausgleichspostenmethode des § 4g EStG, DStR 2007, S. 133- 137.

Kinkel, Steffen / Lay, Gunter / Maloca, Spomenka: Produktionsverlagerungen ins Ausland und Rückverlagerungen, Fraunhofer- Institut für Systemtechnik und Innovationsforschung (Hrsg.), Karlsruhe, 2004.

Kruse, Heinrich Wilhelm: Kommentierung zu § 12 AO, in: Tipke, Klaus / Kruse, Heinrich Wilhelm (Hrsg.): Abgabenordnung, Finanzgerichtsordnung, Kommentar, Loseblattwerk, Otto Schmidt Verlag / Köln, 2003.

Lau, Alexander: Going International, Erfolgsfaktoren im Auslandsgeschäft - Erfahrungen, Lösungen und Perspektiven - Zusammenfassung der wichtigsten Ergebnisse, Deutsche Industrie- und Handelskammer, Berlin, 2005. Abrufbar unter:

http://www.businesslocationcenter.de/imperia/md/content/aussenwirtschaft/going _international.pdf (Stand 20.03.2007)

Montag, Heinrich: Unternehmenssteuerrecht, in: Tipke, Klaus / Lang, Joachim (Hrsg.): Steuerrecht, 18 Aufl., Otto Schmidt Verlag / Köln, 2005.

Melchior, Jürgen: Gesetzgebung: Referentenentwurf eines Unternehmensteuerreformgesetzes 2008, DStR 2007, S. VI-XIII.

Nitschke, Axel / Wimmers, Stephen / Schoder, Matthias: Produktionsverlagerung als Element der Globalisierungsstrategie der Unternehmen – Ergebnisse einer

Unternehmensbefragung, Deutscher Industrie und Handelskammertag (Hrsg.), Berlin, 2003. Abrufbar unter:

http://www.heilbronn.ihk.de/upload_dokumente/infothek/anlagen/6331_1886.pdf (Stand 20.03.2007).

Piltz, Detlev: Wann liegt eine DBA-Vertreter-Betriebsstätte vor, IStR 2004, S. 181-187.

Oeltze, Tomas / Heischkel, Swantje: Die Struktur des russischen Körperschaftsteuergesetzes, IStR 2003, S. 698-705.

Ost-Ausschuss der Deutschen Wirtschaft: Positionspapier zu den deutsch-russischen Wirtschaftsbeziehungen, „Geschäftsmöglichkeiten in Russland werden besser", März 2006. Abrufbar unter:

http://www.ost-ausschuss.de/pdfs/maerz_2006_positionspapier.pdf (Stand 12.04.2007).

Rödder, Thomas / Schumacher, Andreas: Das SEStEG – Überblick über die endgültige Fassung und die Änderungen gegenüber dem Regierungsentwurf, DStR 2007, S. 369-377.

Roser, Frank: Kommentierung zu § 26 KStG, in: Gosch, Dietmar (Hrsg.): Körperschaftsteuergesetz, Kommentar, C. H. Beck Verlag / München, 2004.

Scheffler, Wolfram: Steuerliche Ausübung des Wahlrechts (Anrechnung, Abzug, Pauschalierung) zur Vermeidung der internationalen Doppelbesteuerung bei Gewinnen aus einer ausländischen Betriebsstätte, in: Grotherr, Siegfried (Hrsg.): Handbuch der internationalen Steuerplanung, 2. Aufl., Verlag Neue Wirtschaftsbriefe / Herne / Berlin 2003, S. 105-119.

Schmidt, Lutz / Sigloch, Jochen / Henselmann, Klaus: Internationale Steuerlehre : Steuerplanung bei grenzüberschreitenden Transaktionen, 1 Aufl., Gabler / Wiesbaden, 2005.

Schoss, Niels-Peter: Betriebsstätte oder Tochtergesellschaft im Ausland, in: Grotherr, Siegfried (Hrsg.): Handbuch der internationalen Steuerplanung, 2. Aufl., Verlag Neue Wirtschaftsbriefe / Herne / Berlin 2003, S. 49-72.

Schult, Eberhard: Betriebswirtschaftliche Steuerlehre, 4. Aufl., Oldenburg Verlag / München, Wien, 2002.

Schult, Eberhard / Freyer, Thomas: Unternehmenssteuerreform 2001: Die Besteuerung von Unternehmensveräußerungsgewinnen nach Wiedereinführung des halben durchschnittlichen Steuersatzes, DStR 2001, S. 455-460.

Seibold, Sabine: Problematik der Doppelansässigkeit von Kapitalgesellschaften, IStR 2003, S. 45-51.

Tillmann, Pyzska / Schmedt, Marco: Gestaltungsüberlegungen zum grenzüberschreitenden Ausgleich von Betriebsstättenverlusten bei DBA mit Aktivitätsklausel, IStR 2002, S. 342-346.

Valova, Denisa / Bodenlocher, Christian / Koch, Dirk: Die Rückfallklausel in Doppelbesteuerungsabkommen, IStR 2002, S. 405-407.

Vogel, Klaus: Kommentierung zu Art. 23 OECD-MA, in: Vogel, Klaus / Lehner, Moris: Doppelbesteuerungsabkommen: DBA, Kommentar, 4. Aufl., C. H. Beck Verlag / München, 2003.

Weber-Grellert, Heinrich: Kommentierung zu § 5 EStG, in: Schmidt, Ludwig (Hrsg.): Einkommensteuergesetz, Kommentar, 25. Aufl., Beck / München, 2006.

Yearsley, Andrew: Global Emerging – Market Sourcing: Seizing the Opportunity, Cap Gemini, 2006. Abrufbar unter:

http://www.de.capgemini.com/m/de/tl/Global_Emerging-Market_Sourcing.pdf (Stand 20.03.2007).

Zenthöfer, Wolfgang / Schulze zur Wiesche, Dieter: Einkommensteuer, 9. Aufl., Schäffer-Poeschel / Stuttgart, 2007.

Rechtsprechungsverzeichnis und Verwaltungsanweisungen

Allgemeine Verwaltungsvorschrift zur Anwendung des Einkommensteuerrechts (Einkommensteuer-Richtlinien 2005 - EStR 2005), Bundesrat, Drucksache 713/05 vom 29.09.2005. Abrufbar unter:

http://www.bundesrat.de/cln_051/nn_8336/SharedDocs/Drucksachen/2005/0701-800/713-05,templateId=raw,property=publicationFile.pdf/713-05.pdf

Stand 12.04.2007.

Anwendungserlass zur Abgabenordnung (AEAO), BMF-Schreiben vom 15. Juli 1998 (BStBl I S. 630), zuletzt geändert durch BMF-Schreiben vom 10. September 2002 - IV C 4 - S 0171 - 93/02 -.

Gemeinsamer Leitfaden der Oberfinanzdirektionen Nürnberg und München zur Besteuerung ausländischer Einkünfte bei unbeschränkt steuerpflichtigen natürlichen Personen, OFD Nürnberg vom 26.08.2004.

Abrufbar unter:

http://www.finanzamt.bayern.de/informationen/steuerinfos/fachthemen/internatio nales-steuerrecht/Leitfaden%20Besteuerung%20ausl%C3%A4ndischer%20Eink %C3%BCnfte.pdf   (Stand 01.03.2007).

Pauschalierung der Einkommensteuer und Körperschaftsteuer für ausländische Einkünfte gemäß § 34c Abs. 5 EStG und § 26 Abs. 6 KStG, BMF-Schreiben vom 10.04.1984, BStBl. I 1984, S. 252.

Referentenentwurf zum Unternehmensteuerreformgesetz 2008. Abrufbar unter:

http://www.bundesfinanzministerium.de/lang_de/DE/Aktuelles/Aktuelle__Gesetz e/Gesetzentwuerfe__Arbeitsfassungen/045__a,templateId=raw,property=publicati onFile.pdf   Stand 12.04.2007.

Steuerliche Behandlung von Arbeitnehmereinkünften bei Auslandstätigkeiten (Auslandstätigkeitserlass), BMF-Schreiben vom 31.10.1983, BStBl. I 1983, S. 470.